Chronique de la reine Mère

Chronique de la reine Mère

Sous la direction de Catherine Legrand

Auteurs :
Christopher Dobson
Emmanuel Lange

Assistants d'édition :
Karine Broudeur
Pascal Wauters de Besterfeld

P.A.O. :
Christophe Seychelles

ISBN : 2-905969-69-5
Dépôt légal : Eté 1995

photogravure : Valois Photogravure, Angoulême
Impression : Maury, France
Reliure : SIRC, France

Jacques Legrand sa
BP 1 – Aéroport de Périgueux
24330 Bassillac
Tél. : 53 35 91 21
Fax. : 53 35 14 06

Distribution en France :
Hachette Distribution

Distribution en Belgique :
Chronique Diffusion
1, Place du Roi Chevalier
4130 Esneux
Tél. : (041) 80 07 59
Fax. : (041) 80 07 58

1900 - 1922

23 septembre 1900. Ve Congrès des Socialistes internationaux à Paris.

22 janvier 1901. Mort de la reine Victoria à l'âge de 81 ans.

9 août 1902. Edouard VII, (60 ans), est enfin couronné à l'abbaye de Westminster. Une crise d'appendicite a différé la cérémonie de six semaines.

17 décembre 1903. A Kitty Hawk, Caroline du Nord, Orville Wright, aux commandes du *Flyer*, réalise le premier vol d'un engin motorisé.

8 avril 1904. Le roi Edouard signe le traité d'*Entente cordiale* avec la France.

28 mai 1905. La marine japonaise anéantit la flotte russe de la Baltique à la bataille de Tsushima.

18 avril 1906. Un tremblement de terre dévaste San Francisco. On compte plus de 1 000 morts.

25 juillet 1907. Fondation du mouvement « scout » par Sir Baden-Powell, héros de la bataille de Mafeking.

12 septembre 1908. Winston Churchill épouse Clémentine Hozier.

25 juillet 1909. Louis Blériot traverse la Manche de Calais à Douvres en pilotant sa machine volante.

6 mai 1910. Une bronchite emporte le roi Edouard VII. George V lui succède.

14 décembre 1911. L'explorateur norvégien Roald Amundsen devance le capitaine Scott au pôle Sud.

15 avril 1912. Naufrage du *Titanic*. Le paquebot disparaît avec plus de 1 500 personnes après avoir heurté un iceberg.

4 juin 1913. La suffragette Emily Davison se jette sous le cheval du roi George V pendant le Derby d'Epsom. Elle est tuée sur le coup.

4 août 1914. La Grande-Bretagne déclare la guerre à l'Allemagne.

24 avril 1916. Les nationalistes irlandais manifestent à Dublin.

16 mars 1917. Le tsar Nicolas II abdique. C'est la victoire de la révolution de Février.

6 avril 1917. Les Etats-Unis entrent en guerre.

3 janvier 1919. Fission de l'atome par Ernest Rutherford.

5 juin 1920. Le roi George V élève son fils Albert au titre de duc d'York.

17 mars 1921. La première clinique de planning familial est ouverte à Londres.

Un neuvième enfant chez les Glamis

Le château de Glamis : la demeure historique des Bowes Lyon où la jeune Lady Elizabeth passera son enfance.

Londres, 4 août 1900
Lord et Lady Glamis ont la joie de faire part de la naissance de leur neuvième enfant et quatrième fille, Lady Elizabeth Marguerite Bowes Lyon. Son père, héritier du très ancien titre de comte de Strathmore et de Kinghorne, possède de riches domaines en Angleterre et aussi en Ecosse. C'est une famille de chefs de clans écossais qui ne doit allégeance qu'à Dieu et au roi. Leur domaine principal, le château de Glamis, aux alentours de Dundee, est construit sur le site d'un ancien pavillon de chasse royal. Cette dernière-née arrive au début d'un nouveau siècle et dans un monde en pleine transformation. Le symbole de la grandeur de l'Angleterre, la reine Victoria, fatiguée par un très long règne, commence à s'estomper. L'Allemagne et les Etats-Unis se développent, tandis que l'armée britannique est incapable de mettre un terme au conflit avec les Boers en Afrique du Sud, malgré la libération de Ladysmith et de Mafeking. Science et technologie sont les mots clés de cette nouvelle ère. Le comte Zeppelin a lancé un aéronef et les scientifiques cherchent à exploiter l'atome. La société se transforme aussi. Oscar Wilde se meurt à Paris. Lily Langtry, la maîtresse du prince de Galles, remporte un franc succès à Washington. Le *cakewalk* fait fureur sur les pistes de danse et les Anglais dégustent une nouvelle boisson venue des Etats-Unis : le Coca-Cola. Ici, il fait si chaud en ce beau mois d'août que les chevaux portent des chapeaux.

1900 – Les Britanniques trouvent un ennemi redoutable : les Boers.

Disgracié et en exil, Oscar Wilde vit sans le sou à Paris.

Lily Langtry, étoile de théâtre et maîtresse du prince de Galles.

La souveraine de l'Empire britannique s'éteint

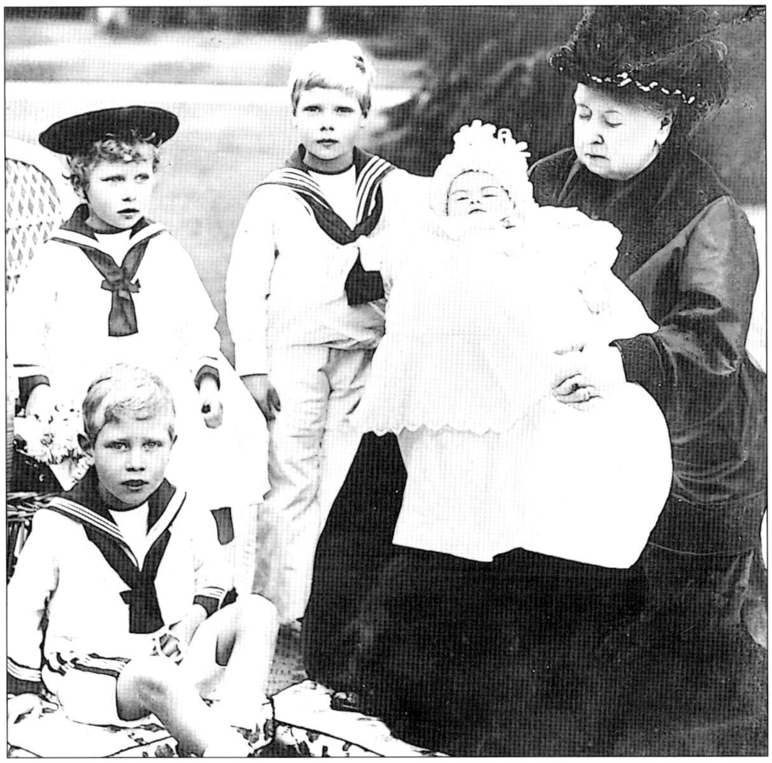

La reine Victoria entourée de ses arrière-petits-enfants devant sa demeure.

Les têtes couronnées d'Europe défilent derrière le cercueil de la reine Victoria.

Londres, 2 février 1901
Les têtes couronnées d'Europe ont suivi le cortège funèbre de la reine Victoria à travers Londres. C'est son dernier voyage de l'île de Wight vers Windsor, où elle sera ensevelie auprès de son très cher Albert. Cette femme a été la souveraine pendant 64 ans d'un des plus vastes empires de ce monde. Quand elle accéda au trône, elle sillonnait son royaume en carrosse sur des routes criblées d'ornières. Elle le quitte à l'âge du chemin de fer, du téléphone et de l'automobile. Le roi Edouard VII, son successeur, attendait de monter sur le trône depuis longtemps. C'est un homme très moderne. Peut-être trop pour certains qui critiquent sa vie dissolue, dressent la liste de ses maîtresses et suivent ses voyages à Paris. D'autres le considèrent apte à conduire l'Empire pour l'adapter à l'époque d'aujourd'hui. Ce roi est conscient de la menace militaire que représente son arrogant neveu, le kaiser Wilhelm d'Allemagne. Il tient à sceller une alliance avec la France.

Le roi Edouard VII succède à sa mère au trône de l'Empire sur lequel « le soleil ne se couche jamais ».

Le comte et la comtesse de Strathmore entourés de leur famille à St Paul's Walden Bury, où Lady Elizabeth passe une bonne partie de sa jeunesse. Celle-ci est à côté de sa mère, qui tient dans ses bras son frère, David.

Elizabeth passe une enfance de rêve en Ecosse

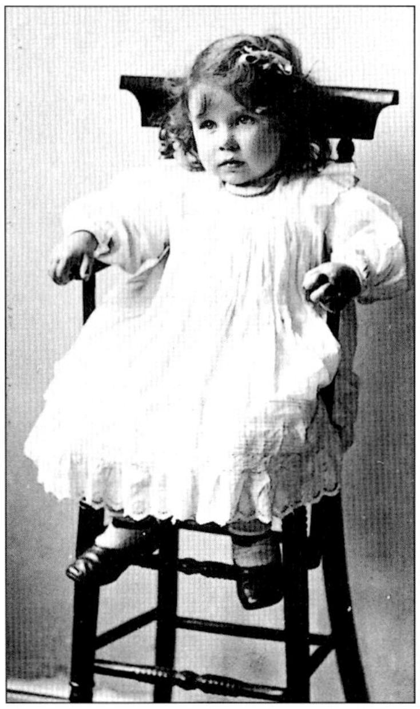

Elizabeth assise devant l'objectif.

Toujours prête à poser, elle montre son goût coquet en matière de chapeaux.

Elizabeth et David se déguisent.

Château de Glamis, 4 août 1910
Lady Elizabeth Bowes Lyon fête ses 10 ans aujourd'hui. Elle est devenue une jeune fille épanouie aux beaux yeux violets encadrés par une profusion de boucles foncées. Elle passe ses journées avec son frère cadet, David. Leur mère appelle ses deux derniers ses « deux benjamins ». Ils sont inséparables, que ce soit à Londres dans la maison de St James Square, ou à St Paul's Walden Bury dans le Hertfordshire, ou bien ici, dans le château fort de Glamis. Il y a six ans, leur père avait hérité de ce domaine ainsi que du titre de 14e comte de Strathmore. A St Paul's, l'éducation des enfants est assurée par leur mère, par une gouvernante française et par un maître de danse. Là, ils jouent ensemble dans la belle campagne anglaise, et, ici, dans les collines couvertes de bruyère, ils sont encore bien plus heureux. Ils apprennent à pêcher et suivent en charrette, avec le déjeuner, leurs frères aînés partis à la chasse. Lady Elizabeth est aussi très douée pour la musique. Elle adore se déguiser pour faire du théâtre et exécute les danses écossaises avec élégance. Sa mère, Cecilia, aidée de leur nurse Clara « Alah » Knight, veille sur ces activités. Malgré un aspect sévère, la comtesse est une femme sensible et tendre, animée par une philosophie toute simple : « chacun se doit de faire l'effort de profiter pleinement de la vie. Ceux-là qui s'ennuient ou trouvent d'autres ennuyeux doivent s'en prendre à eux-même. » Lady Elizabeth voit moins souvent son père. Homme très consciencieux et calme, il arbore une moustache à la gauloise et consacre beaucoup de son temps à son domaine et à ses obligations de représentant de la couronne dans le comté d'Angus. La pratique de la religion fait partie de la vie quotidienne. La famille vit selon la devise : « En vous, Seigneur, je me fie, immuable jusqu'à la fin. » Elizabeth découvre aussi les usages et les coutumes de son Ecosse en jouant avec les enfants des serviteurs du domaine. A Londres, elle est conviée aux thés raffinés servis dans les grandes familles. Il y a cinq ans, à l'un de ces thés, servi chez la comtesse de Leicester, Elizabeth a rencontré le second fils du prince de Galles, le prince Albert. Il était âgé de 10 ans. La jeune fille, pleine d'assurance, l'avait pris en amitié. « Bertie » était revêtu d'un costume de matelot. Il était timide et bègue. Elle lui a offert les cerises de son gâteau. Le prince s'en souviendra...

Une jeune femme romanesque.

Elle participe aux œuvres charitables.

Elizabeth devient une belle femme.

Parée de perles et prête pour le bal.

Bègue, le jeune Albert vit dans la hantise

Le prince Albert habillé en matelot.

Palais de Buckingham, 4 août 1910
Le prince Albert passe des moments difficiles à Osborne, son collège de la Royal Navy. Timide, sensible et affreusement bègue, il est devenu le souffre-douleur de ses camarades de classe, même s'il est le fils du roi. Ce n'est pas tout. Son père règne sur la famille qu'il dirige avec une poigne de fer. Il bat ses fils et, pour soigner une malformation congénitale, il a obligé le prince à fixer des attelles à ses jambes. La reine Mary est plus affectueuse mais n'ose pas contredire le roi qui, tout en les dominant, adore ses fils. Un jour, le roi a confié à son ami Lord Derby : « Mon père avait peur de sa mère, moi, j'avais peur de mon père. Je veux que les miens aient peur de moi. » Il y a réussi. Bertie l'adore mais le craint. Le seul lien avec son père est leur passion des fusils de chasse, dont il sait se servir avec adresse.

Le prince de Galles apprend à devenir roi

Dartmouth, 4 août 1910
Héritier du trône âgé de 16 ans, le prince Edouard suit sa formation d'officier à l'école navale avec une facilité quasi désinvolte. « David », toujours surnommé ainsi en famille, souffre lui aussi d'une pointe de timidité, mais il n'a aucun problème de communication. On parle déjà de son charme. Il n'est cependant pas sorti indemne de la domination de son père, le roi George V. Ceux qui le préparent au trône trouvent dans son caractère les traces d'un esprit de révolte. Son entêtement pourrait entraîner de sérieux problèmes quand il sera confronté aux diverses contraintes du rôle de souverain. Dans tous les domaines, Edouard surpasse son cadet Bertie. Le sport est l'exception. Albert, malgré son bégaiement et un niveau scolaire très moyen, est un très bon athlète doué d'esprit de compétition.

Edouard, fils aîné du roi George V.

George V présente Edouard aux Gallois

Caernarfon, 13 juillet 1911
Aujourd'hui, le prince Edouard, âgé de 17 ans, a été présenté par son père, le roi George V, aux Gallois. Il était paré de son habit de cérémonie en hermine et de la couronne en or massif du pays de Galles. Sans montrer la moindre trace de cette timidité dont souffre son frère cadet Bertie, il a proclamé à haute voix : « Diolch fynghalon i Hen wlad nhadua » (mes remerciements les plus sincères au pays de mes ancêtres). Malgré la rigueur traditionnelle qui régnait, cette cérémonie avait été organisée par un politicien très astucieux : David Lloyd George. Le jeune prince, peu impressionné par ce cérémonial, a demandé : « Que vont penser mes camarades de la marine en me découvrant dans cet accoutrement absurde ? » Il lui fut répondu que son père étant roi, il se devait d'accepter les obligations de l'héritier du trône. Il n'y a pas que des désavantages ; il reçoit du duché de Cornouailles un revenu annuel de 90 000 livres.

L'Angleterre déplore l'assassinat du tsar

Londres, 25 juillet 1918
Le roi George V et la reine Mary ont tenu à assister au service commémoratif célébré en l'honneur du tsar Nicolas et de sa famille, victimes des bolcheviks en Sibérie. La famille royale est profondément touchée par le massacre barbare de leurs cousins russes. Il y a toutefois une petite pointe d'hypocrisie derrière ce chagrin. Face à la situation en Sibérie, les membres du gouvernement provisoire de Russie avaient demandé asile à l'Angleterre pour le tsar et sa famille. Lloyd George les avait assurés de son appui et le roi avait promis d'envoyer un navire. George V a failli à sa promesse, craignant de susciter la colère des forces révolutionnaires en Angleterre à un moment où les conflits font rage. Il a préféré abandonner son « cher Nicky » à son sort. La mort des Romanov est un avertissement aux familles royales d'Europe. Elles se trouvent prises dans les engrenages de la révolution. Toutes les têtes couronnées tremblent.

Le roi George V présente son fils aux Gallois au château de Caernarfon.

Le tsar et ses enfants profitent du soleil pendant leur exil en Sibérie.

Le monde fête la fin de cinq ans de guerre

L'armistice est enfin signé dans un wagon de voyageurs à Compiègne.

Londres, 11 novembre 1918
La guerre s'est arrêtée ce matin. Il est 11 heures : c'est l'armistice. Le conflit mondial a fait des millions de victimes. Il a frappé chaque famille. Les Strathmore y ont perdu un fils, Fergus, à la bataille de Loos. Un autre, Michael, fut blessé et capturé. Le château de Glamis, que Lady Elizabeth à sauvé d'un incendie, a été transformé en hôpital militaire. A Londres, la reine Mary s'occupe du moral des blessés. Elle a été marquée par leur courage et leur grande patience. La famille royale est aussi partie à la guerre. Le prince Albert a participé à la bataille du Jutland, tandis que le prince de Galles, qui voulait aller au front, a servi dans l'état-major en France.

Elizabeth est l'amie de la princesse Mary

La reine Mary et sa fille la, princesse Mary, coiffées à la mode, à Cowes.

Glamis, septembre 1919
Lady Elizabeth s'est liée d'amitié avec la princesse Mary, fille unique du roi et de la reine. Leur intérêt pour le mouvement des éclaireurs les a réunies. « Scouts » et « éclaireurs », ont été fondés par le général Baden-Powell. Ils attirent de plus en plus de jeunes des deux sexes et de tous les rangs sociaux. Elizabeth y prend grand plaisir car le mouvement favorise les activités de plein air dont elle raffole. La princesse Mary y trouve un moyen d'échapper pour quelques heures à la discipline sévère imposée par son père, qui désapprouve la mode et les soirées mondaines. Mary n'est pas une très belle jeune fille. Elle souffre aussi de cette timidité dont toute la famille semble être affligée. Elle redoute de paraître en public, mais par ailleurs se révèle une cavalière intrépide. Les éclaireurs lui permettent de fréquenter les jeunes de son âge sans se faire remarquer, grâce à l'anonymat de l'uniforme bleu. Son père n'y trouve aucun mal : le but du mouvement est social. Il ne critique pas non plus son amitié avec Lady Elizabeth. Le rang de son père doit y être pour quelque chose. Elles se rendent souvent à la propriété royale de Balmoral ou au château de Glamis.

Lady Elizabeth, un beau parti convoité par les jeunes aristocrates

Palais de Holyrood, 15 juillet 1920
Lady Elizabeth a fait la révérence protocolaire de débutante devant le roi et la reine. Elle est devenue une belle jeune femme. Elizabeth est un peu rondelette, avec de beaux yeux violets et les cheveux foncés. Elle respire la santé, son visage rayonne de bonté. Ce sont ces qualités que les photographes immortalisent car elle se toujours montre très naturelle devant l'objectif. Ces dames de la « High Society » la considèrent déjà comme un beau parti pour leurs fils, autant pour ses qualités humaines que pour sa dot : une partie de la fortune considérable Bowes Lyon. Les jeunes gens, dont beaucoup sont à la recherche d'une épouse après ces quatre années de guerre, sont épris d'elle. Mais Elizabeth reste un peu garçon manqué et ne manifeste pas encore le désir de se marier. Une mère, qui la regardait exécuter une danse écossaise, a compris qu'elle allait laisser des cœurs brisés sur son passage. Elle n'est pas encore prête à quitter sa mère qu'elle voit souffir de la disparition de son fils Fergus, victime de la guerre.

Elizabeth : étude préraphaëlique pleine du charme d'une fille des Highlands.

Coiffée de son chapeau de printemps.

L'Europe, point de mire des bolcheviks

Moscou, 3 mars 1919
Vladimir Lénine, maître des bolcheviks, a décidé de répandre le communisme en Europe. Il annonce la formation d'une organisation communiste internationale, Komintern. Il veut provoquer la révolution grâce à la propagande, à la force de persuasion de nombreux agents et à l'or de Moscou. Les premiers pays ciblés sont ceux dévastés par la guerre, comme l'Allemagne et la Hongrie. Les bolcheviks veulent aussi détruire l'Empire britannique.

Elizabeth n'a pas peur des fantômes du château

Glamis, printemps 1922
Le château de Glamis fait beaucoup parler de lui. Dans les domaines écossais, il y a des fantômes. Ici, il y un monstre en plus. C'est le fils d'un maître de Glamis, très mal formé et hideux, que l'on a séquestré dans une des pièces les plus isolées du château après l'avoir déclaré mort-né. Handicapé, il a réussi à vivre jusqu'à l'âge de 100 ans. Il est mort l'an dernier. On ne sait si Elizabeth est vraiment au courant du triste sort de son malheureux parent, mais elle n'a peur ni du château ni de son histoire trempée dans le sang. Ici, elle se sent en sécurité et elle aime y revenir. Le prince Albert lui fait une cour pressante. Ils se sont revus il y a deux ans au cours d'un bal et Bertie, qui était sur le point d'être nommé duc de York, est tombé follement amoureux d'elle. Il a assisté à toutes les soirées où il espérait la trouver. Très vite les autres prétendants ont compris qu'elle était conquise. La presse s'en est mêlée. Elle a annoncé que Lady Elizabeth avait une liaison avec... le prince de Galles! Pourtant, Albert et Edouard n'ont rien en commun et le cœur du prince de Galles appartient déjà à Mme Freda Dudley Ward. Il y a un an, Bertie a accompagné Elizabeth à Glamis. Il a demandé sa main. Effrayée à l'idée de renoncer à sa vie privée, elle a refusé. Il était déçu mais pas vaincu. La reine Mary s'est fait inviter à Glamis en septembre dernier afin de se faire une opinion sur Elizabeth. Elle a donné son approbation. Le roi a grogné que son fils aurait bien de la chance si elle l'accepte. Elle hésite toujours et il continue sa cour. C'est la seule femme qui lui plaise. Les parents approuvent et Elizabeth semble commencer à fléchir.

La seule femme pour Bertie

Lady Elizabeth et la comtesse de Strathmore se promènent dans le parc de leur fief historique : le château de Glamis.

Elizabeth dans la cour de Glamis. Elle aime s'y promener avec son chien.

La mère et la fille « font le tour du propriétaire » au château de Glamis.

Un mariage royal

Londres, 28 février 1922
Ce samedi matin, Lady Elizabeth était une des demoiselles d'honneur au mariage de la princesse Mary et du vicomte de Lascelles, fils aîné du très riche comte de Harewood. A cette occasion, elle s'est encore un peu rapprochée de la famille royale. La noblesse londonienne n'a pas pu résister aux commérages suscités à l'occasion de cet événement. La princesse a 24 ans, soit seize de moins que son mari. Les mauvaises langues disent qu'elle se marie pour échapper à ses parents qui l'auraient plus traitée comme une bonne à tout faire que comme une princesse royale. Les tâches ennuyeuses lui étaient toujours destinées. Même si cela relève du commérage, il y a un fond de vérité. La princesse Mary

Habillée en demoiselle d'honneur.

n'est pas vraiment belle et plusieurs princes européens lui ont préféré d'autres femmes. Il est également vrai qu'elle voulait échapper à la vie de Buckingham où son père règnait sur sa vie jusqu'à dicter la longueur de ses manches. Lady Elizabeth, qui est son amie, lui a permis de sortir dans le monde. Aujourd'hui, son mariage est la concrétisation d'une tendre affection entre les deux jeunes mariés et, bien qu'ils ne soient pas des passionnés, ils devraient bien s'entendre et faire un couple solide. Le départ de Mary de Buckingham pourrait avoir un effet sur Elizabeth puisque le duc de York s'y trouve seul maintenant. La situation ne peut que renforcer le désir du duc de se marier et il reste très épris de Lady Elizabeth.

1923

27 janvier 1923. A Munich, Adolf Hitler dirige la première réunion du Parti nazi.

2 mars 1923. Une loi matrimoniale permet aux femmes britanniques d'engager le divorce pour adultère.

9 mars 1923. Lénine, paralysé après un accident cérébral, abandonne ses fonctions.

29 mars 1923. Paris est une ville morte pour les funérailles de l'actrice Sarah Bernhardt. Selon un critique, « sa voix était de l'or, elle récitait des vers comme le rossignol chante ». Elle avait 78 ans.

14 avril 1923. La nouvelle mode, la danse-marathon, fait rage aux Etats-Unis.

28 avril 1923. Le stade de Wembley organise son premier grand spectacle sportif avec la finale entre Bolton Wanders et West Ham United. On a frôlé le désastre quand les 200 000 spectateurs ont envahi le terrain. La police montée a repoussé la foule évitant l'accident. Bolton gagne 2-0.

21 mai 1923. A Londres, Stanley Baldwin succède à Andrew Bonar Law comme Premier ministre.

20 juillet 1923. Pancho Villa, le révolutionnaire mexicain, est assassiné.

2 août 1923. Mort inattendue du Président des Etats-Unis, Warren Harding, âgé de 57 ans.

12 septembre 1923. La British South Africa Company accepte de placer la Rhodésie du Sud sous contrôle de la couronne britannique.

16 septembre 1923. Bilan du tremblement de terre à Tokyo et à Yokohama : 300 000 morts et 2,5 millions de sans-abri.

16 octobre 1923. Le gouvernement britannique accorde 50 000 livres aux chômeurs.

12 novembre 1923. Arrestation d'Adolf Hitler et du général Erich von Ludendorff après le *beer-hall* putsch.

15 novembre 1923. L'inflation galope en Allemagne : un pain coûte 200 milliards de DM.

13 décembre 1923. Condamnation de Lord Alfred Douglas à six mois de prison pour avoir diffamé Winston Churchill.

28 décembre 1923. Mort de Gustave Eiffel à l'âge de 91 ans.

31 décembre 1923. Sortie d'un long poème par T. Eliot *The Waste Land*. Critiqué par les traditionalistes, c'est un livre de culte pour les étudiants.

Elizabeth a dit « oui » au prince Albert

Albert et Elizabeth après l'annonce officielle de leurs fiançailles royales.

Londres, 16 janvier 1923
On apprend par le bulletin quotidien de la cour les fiançailles du duc de York et de Lady Elizabeth Bowes Lyon. Bertie a enfin gagné. Il s'était résolu, il y a trois jours, à faire pour la troisième fois sa demande, dans le beau parc de St Paul's Walden Bury. Cette fois, elle a répondu oui et le jeune homme, fou de joie, a envoyé à ses parents un télégramme préparé au préalable : « D'accord. Bertie. » Le roi et la reine sont enchantés et le prince de Galles, qui à l'inverse de son frère a du succès auprès des femmes, approuve également. Chips Channon, un Américain, membre du parti conservateur, a noté : « Il n'y pas un homme en Angleterre aujourd'hui qui ne l'envie pas. Les clubs londoniens sombrent dans la mélancolie. » Elizabeth est toujours assaillie de doutes. Elle est devenue de plus en plus proche de Bertie, mais son consentement résulte plus d'un sens de l'obligation que de l'amour. Maintenant, il est trop tard pour faire marche arrière ; elle a pris l'engagement de faire partie de la famille royale et sera la première roturière à s'y joindre depuis plus de 300 ans. Elle trouvera à la cour autre chose que la vie insouciante d'une jeune fille et c'est ce qu'elle avait refusé jusque-là. Le duc de York lui offre en cadeau de fiançailles une superbe bague ornée de saphirs. La prochaine étape sera la visite que rendront ses parents à ses futurs beaux-parents.

Les futurs beaux-parents rendent visite au roi George et à la reine Mary.

La jeune Elizabeth a séduit la reine Mary

Elizabeth à Balmoral avec Albert, son frère George et la reine Mary.

Sandringham, 20 janvier 1923
Le comte et la comtesse de Strathmore accompagnés de leur fille, Lady Elizabeth, ont rendu visite, aujourd'hui, au roi George V et à la reine Mary. Selon les rumeurs, la visite fut un grand succès. Le roi, tout en respectant le protocole, a reçu chaleureusement les roturiers écossais. La reine Mary, majesteuse, parée de ses perles et de son grand chapeau, a une très bonne opinion de sa future belle-fille. Elle craignait que son fils, très susceptible, ne tombe entre les mains d'une femme peu convenable du milieu mondain. Elle est ravie de son choix et confie à son journal intime : « Elizabeth est charmante, si jolie, très attachante et naturelle. Bertie est incroyablement heureux. » Elizabeth a dû affronter le roi, réputé pour la dureté de son caractère. Il avait déjà fait part à plusieurs reprises de sa hantise d'avoir pour bru une jeune femme délurée. En réalité, il lui a même pardonné une grave indiscrétion qui aurait pu être fatale. Un journaliste indiscret s'était introduit dans la maison londonienne des Strathmore et était sur le point d'être éconduit par le majordome et la comtesse de Strathmore. Elizabeth est apparue en disant, selon le journaliste : « Je vous prie maman, laissez-le avec moi. » Ensuite, ce journaliste a écrit un article rempli de déclarations : « Je suppose que vous êtes venu me féliciter ? Que c'est gentil de votre part. » En fait, il voulait savoir combien de fois elle avait refusé le duc de York. Elle lui a déclaré très naturelle : « Voyons, regardez-moi. Pensez-vous que je sois le genre de jeune femme à qui le duc de York ait à demander deux fois sa main ? » Le roi, tout comme sa grand-mère, n'y voyait rien d'amusant. Il a interdit toute interview. Mais il note dans son journal : « C'est une jolie fille pleine de charme, ce sacré Bertie a de la chance. »

Les fiancés reçoivent de beaux cadeaux

Les éclaireurs en revue souhaitent une vie heureuse à leur leader.

Glamis, mars 1923
Lady Elizabeth a reçu l'un de ses premiers cadeaux de mariage. Il lui a été offert par ses camarades éclaireurs, au cours d'une parade en uniforme. Emue, elle a dit qu'elle garderait précieusement le cadeau, une belle boîte en bois sculptée et décorée avec finesse, comme un souvenir des jours heureux partagés ensemble. Les cadeaux sont souvent représentatifs de leur donateur. Des invalides de guerre de l'usine Blighty Works, les fiancés ont reçu des plaids tissés au monogramme royal. D'un fabricant, 1 000 aiguilles aux têtes dorées. La famille royale a comblé Elizabeth de joyaux comme il sied à son rang. Le prince de Galles leur a offert une automobile.

Elizabeth assume ses fonctions royales pour la première fois

Edimbourg, mars 1923
Les jeunes fiancés, pendant un court séjour à Glamis, ont séduit les foules à Edimbourg où Elizabeth a assumé ses premières obligations royales. Ils sont allés à la boulangerie McVities passer commande de leur gâteau de mariage, qui aura quatre étages et portera les blasons des familles. Ils ont alors assisté à un match de rugby entre l'Angleterre et l'Ecosse. L'Angleterre a gagné et le duc de York a avoué qu'il s'est senti peu patriote pour la première fois de sa vie puisqu'il voulait que sa fiancée puisse voir son équipe remporter le match. Les Ecossais sont ravis qu'une de leurs compatriotes épouse le second dans la ligne du trône. Elizabeth les a autant séduits par son attitude très naturelle que par ses origines. Elle paraîssait tout à son aise lorsqu'elle circulait dans la foule alors que le duc, timide mais très heureux, se contentait de la suivre. Bertie a été sensible à l'accueil chaleureux des Ecossais. Jadis, sa fiancée pouvait se promener dans les rues, flâner dans les magasins et aller rendre visite à ses amis à Edimbourg sans susciter le moindre intérêt. Aujourd'hui, tout dans sa vie a changé. Elle ne peut plus sortir sans être reconnue. Où qu'elle aille, elle ne peut ignorer sa fonction. Depuis ses vêtements jusqu'au moindre de ses gestes et paroles, tout est vu, noté, scruté et analysé. En plus de ses obligations sociales, elle doit maintenant aider son futur mari quotidiennement. ▷

Les fiancés visitent des usines dans la zone industrielle d'Edimbourg.

Le soleil était au rendez-vous pour son mariage

Londres, 26 avril 1923
Une foule de plus d'un million de personnes s'est rassemblée dans les rues de Londres, pour assister au mariage d'Albert, duc de York, et de Lady Elizabeth Bowes Lyon. Ce fut une journée typique de mois d'avril. La grisaille du petit matin avait fait place à un beau soleil et, lorsque la mariée a quitté la demeure de ses parents à Bruton Street pour monter dans le carrosse qui l'emmenait vers l'abbaye de Westminster, la lumière était étincelante. Sa robe ivoire de tissus moirés, brodée de fils argentés et de perles, se terminait par des manches en dentelle de Nothingham fabriquées spécialement pour elle. La reine Mary lui avait prêté une traîne en dentelle de Flandre. Elle portait le traditionnel bouquet de mariée, fait de roses blanches et de bruyère, symbole de l'union entre l'Angleterre et l'Ecosse. Lorsqu'elle est entrée dans l'abbaye au bras de son père, Elizabeth est allée poser son bouquet sur la tombe du soldat inconnu. Peut-être pensait-elle à son frère Fergus, tué pendant la guerre de 1914-1918 ? Ce mariage royal est le premier célébré dans cette abbaye depuis celui du roi Richard II avec

Pas de diffusion dans les pubs...

Anne de Bohème. Cela remonte à 540 ans. Depuis, ces cérémonies se déroulaient dans la chapelle royale à Windsor. Certains auraient espéré que ce mariage soit plus accessible au public. Bien qu'il fût immortalisé par les photographes, l'Eglise avait refusé à la BBC le droit de diffuser l'événement. Elle craignait que la cérémonie perde son côté sacré en étant suivie par des auditeurs qui traînent dans les lieux publics, voire des pubs, et qui ne se découvriraient pas la tête par respect. L'abbaye était remplie par des hommes en uniforme, rutilants de médailles, et des dames parées de bijoux. Le roi portait son uniforme d'amiral de la flotte, le marié celui de la nouvelle armée de l'Air et ses frères ceux de leurs régiments respectifs. Le roi avait souhaité une cérémonie aussi simple que possible. Dans ce cadre, les habits fastueux et les rayons de

Le prince Albert, nouveau duc de York, pose pour la photo de groupe avec Elizabeth et ses demoiselles d'honneur.

soleil fusant à travers les vitraux ont fait du mariage un bel événement. Dans son sermon, l'archevêque de Canterbury, Cosmo Lang, a parlé de l'engagement du duc envers les jeunes et les pauvres : « Monsieur, vous avez montré votre engagement envers notre peuple ouvrier. Vous êtes allé dans les usines, les mines et autres chantiers navals. Vous avez engagé avec les garçons des ateliers et tous ceux des collèges privés des échanges libres et francs. Vous avez beaucoup fait pour revaloriser les sentiments d'honneur et de dignité dans leur travail. » La cérémonie terminée, les invités se sont dirigés vers le palais de Buckingham, tandis que les nouveaux mariés se frayaient un chemin à travers la foule qui les acclamait, assis dans leur carrosse aux larges fenêtres. Le repas de noce ne fut composé que de mets royaux : consommé à la Windsor, suprême de saumon reine Mary, côtelettes d'agneau prince Albert, chapons à la Strathmore et fraises à la duchesse Elizabeth. Le gâteau, qu'ils avaient choisi à Edimbourg, était haut de neuf pieds. Des gâteaux identiques avaient été distribués aux enfants défavorisés de Londres et d'autres villes du pays. Les festivités, comme prévu par le roi, ne durèrent que deux heures et le jeune couple partit sous une pluie de pétales de roses, dans un grand carrosse ouvert. La première étape du voyage de noces les conduit à Polesdon Lacey, une charmante maison dans le Surrey appartenant à Mme Ronald Greville. Ils iront ensuite à Glamis où le grand flambeau sera allumé en leur honneur. Aujourd'hui, le monde est à eux. Chacun se pose toutefois la question au sujet de l'avenir du trône. Quand le prince de Galles se mariera-t-il pour assurer ainsi la continuité au trône ? Ce matin, le prince Edouard était un des garçons d'honneur. Rien ne présage de son éventuel mariage et ce malgré une situation enviable, son beau visage et son charisme. Aucune aventure ne semble sérieuse. Le *Times* écrit à la une : « Il n'y a qu'un mariage que le public attend avec le plus profond intérêt. C'est celui qui donnera enfin une femme à l'héritier du trône, et une future reine à l'Angleterre et au peuple britannique. » Cela ne fait pas partie des pensées de Bertie et d'Elizabeth en ce beau jour. Ils ne pensent qu'à fonder leur famille.

Le charismatique prince de Galles. On se demande quand viendra son tour.

Enfin le grand jour : Lady Elizabeth quitte sa maison pour l'Abbaye ; la mariée arrive dans un carrosse ; la cérémonie royale, en grande pompe ; la photo de famille : les nouveaux mariés posent avec leurs parents ; le jeune couple quitte le palais de Buckingham sous une pluie de pétales de roses. ▷

Elizabeth entre dans le tourbillon royal

La duchesse de York, parée de son diadème, pose pour le portrait officiel.

Londres, 30 juin 1923
La duchesse de York, à peine remise de la coqueluche contractée pendant son voyage de noces, entre dans le tourbillon de cette vie publique qu'elle avait tant appréhendé avant son mariage. La grand-tante du duc de York, la princesse Helena, vient de décéder et plusieurs organismes placés sous son patronage, tels que le YWCA (l'Association des jeunes femmes chrétiennes) et la Société nationale pour la protection des enfants, souhaitent que la duchesse la remplace. Aujourd'hui, elle assiste avec le roi, la reine et son mari à la fête de l'armée de l'air à l'aéroport de Hendon. C'est sa première sortie en qualité de membre de la famille royale britannique.

La duchesse et sa mère à l'ouverture de l'exposition de l'Empire britannique.

1924

3 janvier 1924. Découverte à Louxor du sarcophage en pierre de Toutankhamon.

21 janvier 1924. Lénine, père de la révolution russe, meurt à l'âge de 54 ans. Il laisse un vide à la tête de l'URSS. Staline veut prendre sa place.

22 janvier 1924. Ramsey MacDonald est le premier chef d'un gouvernement travailliste de Grande-Bretagne.

25 janvier 1924. Chamonix accueille les premiers Jeux olympiques d'hiver.

3 février 1924. Mort de l'ancien Président des Etats-Unis, Woodrow Wilson. Il était âgé de 63 ans. Malade et déçu, il avait quitté ses fonctions en 1920. Il aurait dit à un ami il y a deux jours : « Je suis une machine cassée. »

12 février 1924. La composition de George Gershwin, « Rhapsody in Blue », remporte un très grand succès.

25 mars 1924. Le Parlement grec vote la destitution du roi exilé, Georges II.

17 avril 1924. Victoire absolue des fascistes de Mussolini aux élections générales en Italie.

23 avril 1924. George V inaugure l'exposition de l'Empire britannique au stade de Wembley.

19 juin 1924. Plus de nouvelles des alpinistes George Leigh Mallory et Andrew Irvine. On les a vus pour la dernière fois disparaître dans les nuages à trois cents mètres du sommet du mont Everest.

29 juin 1924. Le prince de Galles annonce son intention de rechercher une épouse.

20 juillet 1924. L'assemblée américaine des femmes catholiques milite en faveur de la pudeur vestimentaire.

3 août 1924. Mort de Joseph Conrad, écrivain anglais, âgé de 66 ans, d'origine polonaise

18 septembre 1924. Mahatma Gandhi entame un jeûne. Il espère calmer les émeutes entre hindous et musulmans.

24 octobre 1924. Publication de la lettre « Zinoviev » prônant la révolution au Royaume-Uni. Moscou la déclare comme un canular.

5 novembre 1924. Expulsion du jeune empereur de Chine Pu-Yi du palais impérial et suppression de tout titre Manchou.

20 décembre. 1924. Hitler sort de prison. Il dit son intention de publier son traité politique *Mein Kampf.*

Elle séduit les foules en Irlande

Belfast, 21 juillet 1924
Le duc et la duchesse de York ont inauguré un monument aux morts à l'université de Queen. Ils ont reçu des diplômes honorifiques. Lors de son discours, le doyen de la faculté de droit a souligné le dévouement du duc, mais c'est la duchesse que la foule voulait voir. Elle ne remplit ses fonctions royales que depuis un an et elle s'en acquitte avec brio. Son succès auprès des photographes n'a pas diminué. On dirait qu'elle sait exactement à quel moment il faut se tourner vers l'objectif, assurant ainsi de belles photographies. Où qu'elle aille, son amabilité est manifeste – toujours ce sourire qui illumine son visage, ces quelques mots gentils et cette façon distinguée de faire signe avec la main –, c'est une excellente ambassadrice royale. Son mari, qui se repose de plus en plus sur elle, commence à sortir de son carcan, et son bégaiement s'améliore à mesure que sa confiance augmente. Il s'est confié aux gens d'ici : « J'ai vraiment de la chance d'avoir son aide. Elle sait exactement ce qu'il faut faire et dire à chaque nouvelle rencontre. » Par ailleurs, elle a aussi bien débuté avec ses voyages vers l'étranger. En octobre dernier, ils sont allés à Belgrade au baptême de leur filleul, le fils du roi Alexandre de Serbie. Pendant la cérémonie, Bertie sauva la vie du bébé, le prince Paul, lorsque le vieux patriarche de l'église orthodoxe de Serbie le laissa tout simplement tomber. Le couple est resté à Belgrade pour assister au mariage du prince Paul de Serbie avec la princesse Olga de Grèce. Les parents du duc des Balkans se sont accordés pour dire qu'elle s'était comportée en grande dame. Chez eux, à la campagne, ils prennent le temps de profiter de la nature et de quelques amis. Elle est plus attirée par les beaux-arts et la littérature que son mari, mais tous deux aiment le théâtre amateur. Si leur vie est sans problème, leur seul tracas est leur maison de White Lodge, située à Richmond Park. Choisie par le roi, elle est inconfortable et humide. L'électricité est à refaire et les égouts, vétustes, sont carrément malsains. La duchesse, qui souffre beaucoup des bronches, la décrit comme impossible à vivre et résiste à y séjourner longtemps.

Les œuvres charitables représentent une grande partie des obligations royales de Lady Elizabeth. Elle essaie d'être présente à toutes les manifestations organisées en son honneur. Beaucoup sont pour les enfants défavorisés. Des hôpitaux aux inspections de la garde, elle égaie de sa bonne humeur ces cérémonies.

1925

1er janvier 1925. Christiana en Norvège est renommée Oslo.

16 janvier 1925. Staline relève Léon Trotsky de son poste de commissaire de la Guerre et l'expulse de la tête du parti communiste.

15 février 1925. Le zoo de Regent's Park installe des lumières pour égayer la vie des animaux pendant les épais brouillards londoniens.

20 mars 1925. Lord Curzon meurt à 66 ans. Il fut vice-roi des Indes à l'âge de 40 ans. Il perdit son plus grand idéal, il y a deux ans, quand Baldwin fut élu Premier ministre.

28 avril 1925. La Grande-Bretagne revient à l'étalon or. Le chancelier de l'Echiquier, Winston Churchill, y voit la preuve d'un redressement économique du pays.

8 mai 1925. Les évêques italiens, avec l'approbation du pape, mènent un campagne contre la mode « scandaleuse » et les femmes sportives. Ils les considèrent « incompatibles » avec la dignité féminine.

30 mai 1925. Le roi George V ouvre la route Great West, récemment reconstruite.

9 juin 1925. La nouvelle pièce de Noel Coward *Hay Fever* est acclamée à Londres.

29 juin 1925. La discrimination raciale devient force de loi en Afrique du Sud. Les travaux spécialisés sont désormais interdits aux Noirs.

21 juillet 1925. John Scopes écope de 100 dollars d'amende dans le Tennessee pour avoir enseigné la théorie de l'évolution.

16 août 1925. Première mondiale aux Etats-Unis du film de Charlie Chaplin *La Ruée vers l'or*.

1er septembre 1925. Le charleston, danse qui fit scandale aux Etats-Unis, fait fureur en Grande-Bretagne.

17 octobre 1925. Le prince de Galles est vivement critiqué dans la revue *Spectator* au sujet de son comportement en Amérique du Sud où il n'aurait pas respecté certains de ses rendez-vous.

20 novembre 1925. La reine Alexandra, la veuve du roi Edouard VII, meurt à Sandringham, à l'âge de 80 ans.

3 décembre 1925. Chaque jour, 10 millions de personnes écoutent la BBC.

10 décembre 1925. George Bernard Shaw reçoit le prix Nobel de littérature pour sa pièce de théâtre *St Joan*.

Le discours du duc est une catastrophe

Wembley, 9 mai 1925

Albert a souffert cruellement de son bégaiement tout au long du discours d'inauguration à la deuxième exposition de l'Empire britannique, dont il est président. Déjà conscient de l'importance de l'événement, il s'est entraîné depuis plusieurs semaines, voulant à tout prix faire un beau discours. Toutefois, impressionné par cette immense salle équipée de haut-parleurs et devant les rangées de microphones, il a perdu le peu de confiance qu'il avait. Son affreux bégaiement a rendu tout le discours incohérent. Plus il luttait avec les mots, plus l'assistance distinguée trouvait sa peine et son effort assez difficiles à supporter. Le discours du duc était diffusé dans une émission de la TSF à des milliers d'auditeurs dans le monde. Personne n'a pu en souffrir plus que sa femme. Elle l'avait bien aidé à écrire le discours, utilisant surtout les mots qui évitent d'exacerber l'infirmité. Mais, suite à cette catastrophe, il semble bien que tout est perdu. Les politiciens, ayant entendu son triste combat avec les mots cet après-midi, jugent le duc incapable de remplir des fonctions importantes de la vie publique. Ils pensent que ses activités devraient se limiter à de très menues tâches, comme l'ouverture de bazars. Cela est en tous les cas la position des chefs de gouvernement en Australie et au Canada. Si un membre de la famille royale doit représenter le roi dans leur pays, ils souhaitent que ce soit le prince de Galles qui, avec son naturel et sa confiance, a beaucoup inspiré leurs soldats pendant la guerre. Le roi attendait ce discours et, s'il appréhendait ce qui allait se passer, il l'a écouté attentivement. Il ne l'a pas trouvé si mauvais. Mais la duchesse de York a saisi l'étendue du désastre. Elle est restée là, un sourire fixé aux lèvres, tandis que son mari se bagarrait avec son texte. Elle reste la seule à encore espérer. Elle sait que son mari possède une grande volonté et elle est décidée à l'aider pour qu'il puisse surmonter cette affliction.

De l'acier derrière son bégaiement

Albert, accablé par son bégaiement pendant son discours d'ouverture.

La reine Mary et le roi George s'amusent dans le train à l'Exposition.

Un safari en Afrique pendant la première tournée dans l'Empire

Kenya, janvier 1925

Le couple princier veut profiter du voyage dans la brousse africaine. Ils sont venus en partie pour soigner la bronchite de la duchesse, mais aussi pour connaître un peu mieux ce très vaste Empire britannique, encore si puissant. Après une traversée assez pénible de la Méditerranée, le paquebot *Mulbera* de la compagnie P&O les a amenés à Mombasa, via le canal de Suez et Aden. Ils ont été accueillis par Sir Robert Coryndon, gouverneur du Kenya, entouré de 5 000 danseurs africains. Le train du gouverneur les a conduits à Nairobi à travers un paysage magnifique, peuplé de zèbres, de girafes, de gnous et de lions. Une partie du trajet se déroule au pied du mont Kilimandjaro. A présent, ils font un safari, passant leurs nuits à la belle étoile et leurs jours à s'aventurer dans la brousse à dos de mulet. Le duc, redoutable au tir, a obtenu de beaux trophées dont un rhinocéros qui, après avoir été blessé, s'est rué sur lui. Il a réussi à l'abattre à moins de 30 mètres. La duchesse s'est plus servie de son appareil photo que de son fusil. Mais ils ont aussi accompli quelques obligations officielles, y compris une visite au barrage de Makwar, l'une des plus importantes réussites technologiques d'Afrique. Leur prochaine étape est l'Ouganda, où la duchesse espère pêcher dans le lac Albert, avant de continuer leur voyage le long du Nil. Khartoum, la capitale du Soudan, s'apprête à les accueillir avec un spectacle et des feux d'artifice grandioses. De là, ils prendront la route des caravanes jusqu'à la mer Rouge, pour enfin retrouver le paquebot qui mettra le cap sur l'Angleterre.

Elizabeth et Bertie au barrage de Makwar avec des officiels coloniaux.

Le jeune couple rentre du Kenya pour aller chasser en Ecosse

Très à la mode : les York arrivent à Glamis pour le « Douzième Glorieux ».

Glamis, 12 août 1925

Après leurs aventures en Afrique, la jeune duchesse et son mari sont de retour en Ecosse pour assister au « Douzième Glorieux ». Considéré comme l'un des meilleurs tireurs de Grande-Bretagne, le duc attend avec impatience la saison de la chasse à Glamis. Les grouses sont en nombre et les lièvres réclament une sérieuse adresse au tir. Il y aura la chasse au cerf, à pied. S'il n'y a rien d'aussi dangereux qu'un rhinocéros blessé, un beau cerf est après tout un sacré gibier. La duchesse ne participe pas à ces activités ; Elizabeth pense être enceinte. Elle se contentera de se promener dans le parc. Il n'y aura pas d'annonce officielle mais, dès que son état avancera, elle laissera tomber discrètement ses fonctions publiques, comme il sied à toute femme de la famille royale. Bertie, avec le temps, a retrouvé confiance après son discours désastreux de Wembley. Depuis, il a parlé trois fois à la radio sans problème, mais il lutte encore contre son bégaiement. Elizabeth envisage de faire appel à des spécialistes pour l'aider.

La duchesse assume ses responsabilités

Londres, été 1925

Les York ont retrouvé la routine de la vie quotidienne de la famille royale. C'est un mélange de vie de famille, de cérémonies à la cour et d'une grande variété d'obligations officielles, parfois surprenantes. La plantation d'arbres, la visite aux usines, les journées consacrées à la visite des orphelinats, l'inauguration de résidences pour infirmières, la remise des diplômes et des prix aux foires agricoles, des déjeuners avec des élus et des dîners organisés pour la visite de souverains étrangers. Ils serrent les mains tendues vers eux, donnent un millier de sourires, sont honorés où qu'ils aillent, mais en même temps sont observés par ceux-là qui les honorent. La duchesse a surmonté cette épreuve. Le *Times* dit d'elle : « Elle à l'art de poser une première pierre comme si elle venait de découvrir une merveilleuse façon de passer un après-midi. » Le roi George V est très content d'eux. Malgré le désastre de Wembley, il considère son deuxième fils plus fiable que son fils aîné, héritier, qui devient de plus en plus capricieux. Quant à Elizabeth, elle ne cesse de monter dans son estime. Même son manque de ponctualité ne semble plus l'irriter. On raconte l'histoire de son arrivée tardive à un dîner ; tout le monde s'attendait à une explosion du roi mais il a rejeté ses excuses en disant : « Mais pas du tout, ma très chère, nous avons probablement dû nous asseoir trop tôt. »

Présentation de la Charte à Ilford.

1926

27 janvier 1926. Démonstration par le scientifique John Logie Baird à l'Institut royal de Londres d'images animées transmises par TSF. Il appelle son invention « télévision ».

9 février 1926. La banlieue de Londres est inondée après dix-huit jours de pluie continue.

1er mars 1926. Le gouvernement britannique reconnaît Sheik Ibu Saud comme roi du Héjaz, renommé Arabie Saoudite.

6 mars 1926. Un incendie détruit le théâtre du Mémorial Shakespeare à Stratford-sur-Avon.

25 avril 1926. Ali Reza Khan, ancien officier de cavalerie, se fait couronner roi de Perse au palais impérial de Téhéran.

5 mai 1926. La première grève générale en Grande-Bretagne a commencé à minuit.

25 juin 1926. Bobby Jones, un avocat de 25 ans d'Atlanta, devient le premier amateur à remporter l'Open, la plus grande compétition de golf.

23 juillet 1926. Benito Mussolini proclame que l'Italie doit s'agrandir ou étouffer.

6 août 1926. Gertrude Eberle, une New-Yorkaise de 19 ans, est la première femme à traverser la Manche à la nage.

23 août 1926. L'acteur Rudolph Valentino, le « Latin Lover », meurt à 31 ans des suites d'une appendicite aiguë.

1er septembre 1926. Le prince Edouard et son frère, le prince George rentrent d'une visite d'un mois au Canada, pour le Jubilé de diamant du pays. Edouard en a profité pour acheter un ranch à Calgary.

1er octobre 1926. Alain Cobham établit un record de distance en hydravion : Angleterre-Australie aller-retour. Il s'est posé sur la Tamise face à Westminster.

18 novembre 1926. Le refus de George Bernard Shaw d'accepter l'argent de son prix Nobel pose un problème. L'Académie royale suédoise ne peut pas disposer autrement de la somme, et Shaw est inondé de lettres quémandant la charité. Il dit : « Je peux excuser Alfred Nobel d'avoir inventé la dynamite, mais il n'y a qu'un diable qui aurait pu inventer le prix Nobel ! »

20 novembre 1926. A Londres, la conférence impériale décide que le Canada, l'Australie, la Nouvelle-Zélande, l'Afrique du Sud et Terre-Neuve seront des territoires autonomes.

La grève ternit l'heureux événement

La première fille du duc et de la duchesse de York s'appellera Elizabeth.

Des véhicules blindés escortent un convoi alimentaire à travers la capitale.

Londres, 21 avril 1926
La duchesse de York a accouché d'une fille de bonne heure ce matin, dans la maison des Strathmore à Bruton Street. L'accouchement, par césarienne, fut difficile, mais le bébé est en pleine santé. La reine Mary note : « C'est un petit ange avec un beau minois et de jolis cheveux blonds. » Elle s'appellera Elizabeth Alexandra Mary d'après sa mère, sa grand-mère et son arrière-grand-mère. Elle sera troisième en ligne du trône après le prince de Galles et son père. Cependant, elle a peu de chance de monter sur ce trône car on présume que le prince de Galles ne tardera pas à se marier et donner des héritiers au pays. De plus, si le duc et la duchesse de York ont un fils, lui aussi prendra préséance sur sa sœur aînée. Il y a donc très peu de chance qu'une autre reine Elizabeth règne sur l'Angleterre. L'annonce de l'événement fut trop tardive pour être à la une des quotidiens de ce matin, mais l'heureuse nouvelle s'est répandue rapidement et une foule enthousiaste a bravé la pluie pour fêter la naissance devant le 17 de la rue Bruton. C'est là que les York se sont installés très confortablement, ayant fui la vétusté de White Lodge. Malgré les acclamations de la foule,

Vers la révolution ?

la menace d'une grève des mineurs et la perspective de la première grève générale dans l'histoire de la Grande-Bretagne ont projeté une ombre sur la naissance du bébé. Il y a beaucoup trop de pauvreté dans le pays et le gouvernement redoute qu'une grève n'aboutisse à une lutte des classes et que les bolcheviks n'en profitent pour propager la révolution dans les rues de la Grande-Bretagne. Douze des dirigeants communistes ont été écroués pour incitation au désordre. L'armée se tient prête, des chars et des véhicules blindés sont stationnés aux points stratégiques. Un système d'urgence pour les transports en commun est prévu. L'humeur des ouvriers tend plus vers un désir de justice que vers la révolution. A Westminster on craint que ceux qui acclament cet enfant princier ne deviennent bien vite de violents émeutiers.

La princesse est baptisée à Buckingham

La duchesse et la princesse Elizabeth quittent la maison pour le baptême.

Londres, 29 mai 1926
La princesse Elizabeth Alexandra Mary a été baptisée dans la petite chapelle du palais de Buckingham. Elle était habillée de la robe de satin crème et de dentelles d'Honiton que portaient déjà les enfants de la reine Victoria pour la même cérémonie. L'archevêque de Canterbury utilisa pour la cérémonie de l'eau venue du Jourdain, qu'il puisait dans des fonts baptismaux sculptés en forme de lys. Ils étaient apportés pour l'occasion du château de Windsor. Ses parrains et marraines sont des gens de haut rang : le roi George V et la reine Mary, la sœur de la maman, Lady Elphinstone, le duc de Connaught et la comtesse de Strathmore. Le bébé a hurlé pendant toute la cérémonie au point que sa nurse lui a donné une bonne dose d'un vieux remède : du sirop de fenouil sauvage. Ce fut malheureusement sans résultat. Le duc de York avait écrit à son père pour demander son approbation sur les noms choisis : « J'espère que vous approuverez ces noms et je suis sûr qu'il n'y aura pas de confusion entre les deux Elizabeth dans notre famille. Nous souhaiterions de tout notre cœur que son premier nom soit Elizabeth ; c'est un si joli nom et personne de la famille ne s'appelle ainsi depuis si longtemps. En plus, Elizabeth de York sonne tellement bien. » Le roi fut heureux de donner son accord. Dans un autre monde, les grévistes, à l'exception des mineurs, ont repris le travail.

Une adorable peluche pour le bébé.

Albert prend une leçon de tennis en public

Wimbledon, 30 juin 1926
Le duc de York, dont la passion du sport est connue, et son partenaire Louis Greig ont reçu une sérieuse leçon de la part de Gore et de Roper Barrett dans un match de tennis de vétérans en double. Les vainqueurs, qui sont de vingt ans leurs aînés, à 58 et 52 ans respectivement, les ont battus 6-1, 6-3, 6-2. Le duc et Greig sont de bons joueurs. Ils ont gagné, il y a six ans, le match en double de la RAF. Ils n'ont pas eu de chance en se retrouvant en finale face à Gore (vainqueur à trois reprises du titre masculin) et Roper Barrett qui avait déjà gagné le match de double trois fois. En cette année du Jubilé du Club Anglais de tennis sur gazon, les organisateurs étaient heureux de compter un aussi noble participant et voulaient que le match se déroule sur le court central. Le duc, lui, voulait un court extérieur. Ils l'ont donc placé sur le court n° 2. Le duc et son partenaire jouaient devant une foule de plus en plus agitée. A un moment donné, le duc, gaucher, a raté plusieurs balles de suite et un mauvais plaisantin a crié du gradin : « Essayez donc l'autre main, Sir ». Le duc Albert prend le tennis très au sérieux. C'est un sport qu'il pratique chaque matin, très tôt, au palais de Buckingham. Il y invite souvent des professionnels à venir jouer avec lui. Son jeu inégal d'aujourd'hui l'a mis dans une de ces colères noires dont il est coutumier. Il a juré de ne plus jouer en public et Louis Greig, son ami et serviteur (il est intendant de la maison du duc), s'est éclipsé.

Vaincu au tournoi de Wimbledon !

Elizabeth n'hésite pas à se salir les mains

Ashford, Kent, octobre 1926
Elizabeth a repris ses obligations royales après le congé de maternité. Elle a subi l'initiation aux mystères poétiques à l'Institut d'Eisteddford du pays de Galles à Swansea. Pour cette initiation, elle portait, comme il convient, une toge. Puis elle a tenu à grimper sur la locomotive *Lord Nelson* à l'atelier des Chemins de fer du Sud. Comme d'habitude, elle a donné le sentiment d'être ravie.

La duchesse à bord de la « Lord Nelson », la plus puissante locomotive du pays. ▷

1927

1er janvier 1927. La British Broadcasting Corporation – jadis Company – diffuse ses premières émissions.

29 janvier 1927. Ouverture du Park Lane à Londres ; c'est le premier hôtel dans le pays qui offre à ses clients une salle de bains individuelle.

31 janvier 1927. Plus de 12 000 soldats sont envoyés en Chine pour protéger les ressortissants britanniques des hostilités à Shanghai.

4 février 1927. Malcolm Campbell établit un nouveau record mondial de vitesse sur terre avec 174,224 miles à l'heure. Il pilotait le *Bluebird* au pays de Galles.

6 février 1927. Yehudi Menuhin, un jeune violoniste âgé de 10 ans, fait sensation en interprétant la difficile « Symphonie espagnole ».

26 février 1927. Un millier de gens meurent chaque semaine en Grande-Bretagne des suites de l'épidémie de grippe.

10 mars 1927. Le gouvernement bavarois n'interdit plus les discours d'Hitler en public.

11 mars 1927. Un décret, imposant un quota de films britanniques dans les cinémas du pays, entre en vigueur.

2 avril 1927. La France bat l'Angleterre (3-0) pour la première fois en rugby.

13 avril 1927. Stanley Baldwin annonce que le gouvernement donnera le droit de vote aux femmes de plus de 21 ans.

19 avril 1927. Mae West est condamnée à New York à une peine de 10 jours de prison pour outrage aux bonnes mœurs dans *Sex*, sa production à Broadway.

19 mai 1927. La mode de la coupe à la garçonne remplit les salons de coiffure qui sont en pleine expansion. A ce jour, il y a plus de 43 000 salons de barbiers et de coiffure en Grande-Bretagne.

21 mai 1927. Le capitaine Charles Lindbergh, âgé de vingt-cinq ans, atterrit au Bourget devant une foule de 100 000 personnes avec le *Spirit of St Louis*. Il est le premier pilote à réussir le vol entre New York et Paris sans escale.

24 mai 1927. La Grande-Bretagne rompt ses relations diplomatiques avec l'Union soviétique. Elle accuse la mission soviétique à Londres d'espionnage et de subversion.

26 juin 1927. Communistes et fascistes s'affrontent à Londres.

Albert et Elizabeth représentent

Le roi Neptune est le bienvenu à bord

L'Equateur, 2 février 1927
HMS *Renown*, avec à son bord le duc et la duchesse de York, a franchi aujourd'hui la ligne de l'équateur et, selon la vieille coutume navale, tout le monde a eu droit à la cérémonie du passage du fameux grand cercle. Le duc a été badigeonné de mousse pour subir le rasage symbolique du « roi Neptune » et de ses partisans. Après quoi, il a eu droit au bain forcé. Dorénavant, il sera un « vieux loup de mer ». La duchesse, quant à elle, a été simplement baptisée avec de l'eau de mer. Elle entre ainsi dans l'Ordre de la Sirène dorée.

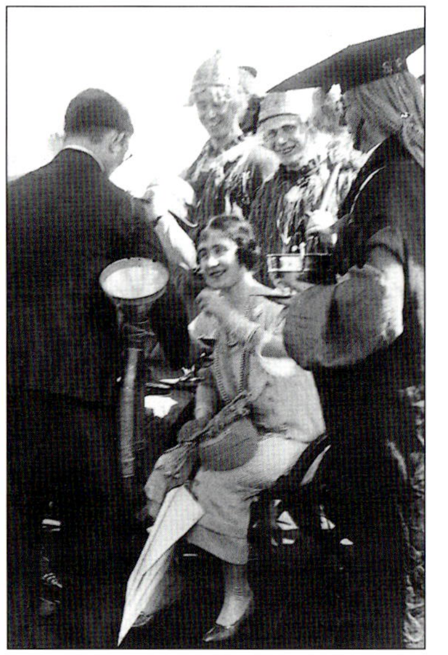

Une boisson pour la duchesse ...

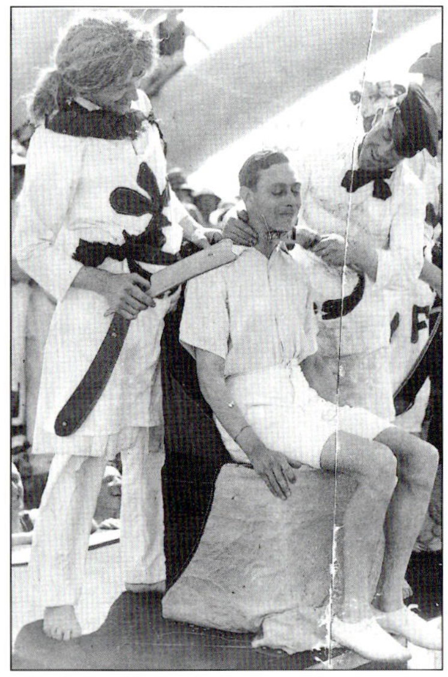

... tandis que le duc se fait raser.

Albert reçoit un cadeau du chef des Fidji en gage de son amitié

Suva, février 1927
Au cours d'une journée organisée en l'honneur de l'amitié entre les royaumes de la Grande-Bretagne et des îles Fidji, Ratu Popi Seniloli, le petit-fils du roi Cakadau, a offert au duc de York un « tabou » : une dent de cachalot, symbole traditionnel de l'hommage et de l'amitié. Le duc a fait un bref mais habile discours de remerciements de la part de son père et, très à l'aise dans l'ambiance décontractée, son bégaiement était presque imperceptible. Ensuite, il a été intronisé souverain suprême en trinquant avec un bol plein de kava, l'alcool local. Ce fut le début d'une formidable soirée bien arrosée de kava. Tout le monde a participé et le protocole britannique fut balayé par le rythme cadencé des danses. Plus tard, des porteurs de flambeaux et des guerriers chantant les adieux les ont raccompagnés à bord .

Le duc de York reçoit un « tabou », c'est-à-dire la dent d'un cachalot, pendant une escale à Suva dans les îles Fidji.

George V au lointain pays du long nuage blanc

La duchesse séduit les Fidjiens

HMS *Renown*, février 1927
La duchesse a remporté un grand succès à Suva. Elizabeth laissera un excellent souvenir à ceux qui l'ont rencontrée. Elle a su séduire par son sourire chaleureux et ses beaux yeux violets. Tout le monde est d'accord pour dire qu'elle était une femme digne d'un roi. On lui a offert des cadeaux, dont une belle couronne de corail rouge et un long canoë que des Fidjiennes sont venues déposer sur la pelouse de la résidence du gouverneur. On l'a hissé à bord du *Renown*, posé sur des toiles et la duchesse s'en sert à l'heure du thé.

Une belle image : Elizabeth à la barre d'un canoë fidjien sur une mer d'azur.

Après une belle lutte, la truite a capitulé

Lac Taupo, février 1927
La duchesse de York, enfouie dans son vieil imperméable et coiffée de son chapeau de pêche, s'adonne à son plaisir, capturant d'énormes truites arc-en-ciel dans un lac de l'île du nord de la Nouvelle-Zélande. Guidée par un expert du site, elle a réussi à ramener sur le rivage une superbe truite après une belle lutte. Ce sont ses frères qui lui ont appris à pêcher dans les rivières autour de Glamis. Elle est experte de la pêche à la mouche et sait sortir de l'eau truites et saumons. Donnez-lui le choix entre un cocktail à Mayfair ou une journée sur la rivière, habillée de ses plus vieux vêtements, elle choisit sans hésiter la rivière. Elle s'y détend et ne pense qu'à la mouche et aux poissons. Cependant, elle n'a jamais eu d'aussi belles prises qu'au lac Taupo. Ici, les truites sont de la taille d'un saumon et son sport en devient une obsession. Comme a dit un habitant : « Elle reviendra. »

La pêche est son plaisir favori.

Le duc et la duchesse reçus comme des rois en Nouvelle-Zélande

Invercargill, 21 mars 1927
La visite du duc et de la duchesse de York en Nouvelle-Zélande est une extraordinaire réussite. En arrivant à Auckland, le 22 février, on leur a réservé une réception grandiose et, depuis, tout s'est merveilleusement bien déroulé. Le duc, qui fait jusqu'à trois discours par jour, est étonné et heureux de ses prestations oratoires. Il doit beaucoup à Lionel Logue, un célèbre orthophoniste australien. La duchesse a fait venir ce spécialiste à Londres pour traiter son mari, peu après la mésaventure du discours de Wembley. L'assurance n'a failli lui manquer qu'une fois : son épouse, souffrant d'une angine, ne pouvait assumer ses obligations royales. Le duc, convaincu que le public ne veut voir qu'elle, a voulu annuler tous les rendez-vous officiels plutôt que de les assurer seul. Cependant, elle a insisté pour qu'il continue. Ce fut une bonne chose puisqu'Albert a pu découvrir, à son grand étonnement, qu'il était capable d'assumer sans elle, même si la foule criait : « Nous voulons la duchesse. » La première série d'obligations était à Rotorua. Ils ont visité les sources volcaniques chaudes et un village maori où des guerriers ont exécuté le *Haka*, une danse de guerre. Le duc a tenu à les remercier en maori. De là, ils sont allés dans la région des élevages de moutons, d'où provient le fameux « agneau de Canterbury ». Le duc s'est fait plaisir pendant le trajet à Christchurch. Il a pris le contrôle du train dans la locomotive avant de passer dans le tunnel le plus long de l'Empire. Il en est sorti couvert de taches de suie. Il était très sale mais heureux. Elizabeth est enchantée que Bertie s'en sorte si bien. Il y a néanmoins une certaine tristesse derrière son sourire : sa petite fille de six mois lui manque. Au moment où elle l'a embrassée avant de partir, elle s'est sentie si émue que l'on a dû l'amener faire le tour de Grosvenor Square plusieurs fois afin qu'elle se reprenne, avant de faire face aux adieux officiels. Les Néo-Zélandais ne l'aident pas à l'oublier. Les foules poussent des hourras pour le bébé et, où qu'elle aille, on lui donne des poupées à l'intention de sa fille. Le roi suit leur voyage de près et, mis à part son habitude désobligeante de regarder les actualités filmées pour critiquer des fautes d'habillement ou de protocole, il est satisfait de son fils, et non sans raison. Le duc et la duchesse ont fait du bon travail ici, comme en témoigne une banderole déployée en travers d'une rue dans la ville : « Dites bien au roi que nous sommes de loyaux sujets. »

Elizabeth toujours souriante passe en revue un groupe de jeunes 'Wolf Cubs'.

L'accueil australien balaye leurs appréhensions

Elizabeth et Bertie saluent la foule à Maitland, en Nouvelle-Galles du Sud.

Canberra, 9 mai 1927
Le duc et la duchesse de York ont mené à bien la plus importante des obligations officielles de ce voyage : l'inauguration du Parlement dans la toute nouvelle capitale australienne, Canberra. C'est le moment que le Premier ministre, Stanley Bruce, a le plus redouté. Il y voyait un scénario cauchemardesque avec le duc, muet devant des milliers d'Australiens, qui de toute manière préféraient que ce soit le prince de Galles qui ait inauguré leur nouveau Parlement. Mais Albert, qui continue sans cesse de prendre de l'assurance, a fait un excellent discours plein d'éloges sur le nouvel édifice de Canberra « qui fera date dans la belle histoire de l'Australie ». Il s'est senti tellement sûr de lui qu'il a enchaîné avec un discours imprévu devant une foule de 20 000 personnes qui attendaient à l'extérieur. Des gens étaient venus de partout pour voir la cérémonie. Ils ne furent pas déçus. Le duc et son épouse sont arrivés dans un carrosse ouvert. Ensuite, la célèbre cantatrice australienne Nellie Melba a entonné l'hymne national pendant que le duc ouvrait la porte du bâtiment avec une clé dorée, sous l'ovation de la foule. Depuis le début de ce voyage, le couple a été très apprécié. C'était déjà le cas en Nouvelle-Zélande, et

Prêts à passer les troupes en revue.

cela s'est vite su. Ainsi, lorsque le HMS *Renown* est entré dans le port de Sydney sous un beau soleil, les canons se sont mis à tonner et les cloches à carillonner. Lors de la première réception publique, des milliers de personnes ont défilé quatre par quatre, bras dessus, bras dessous, devant les tribunes. Les Australiens sont tombés très vite sous le charme d'Elizabeth. Dans les journaux, on l'appelait « la duchesse souriante ». Après leur passage en Australie du Sud, le gouverneur, Sir Thomas Bridges, a écrit au roi George V : « La duchesse a reçu un formidable accueil. Le continent s'est tout de suite épris d'elle. » A la journée nationale de l'Armistice, dite jour de l'ANSAC, le duc a passé les troupes en revue au Cenotaph, à Melbourne. Là, 30 000 vétérans, avec à leur tête 29 médaillés de la croix de Victoria, ont défilé devant eux. La duchesse doit planter deux arbres demain, dont un saule qui provient des serres du jardin de Kew à Londres, dans ce qui va bientôt devenir le parc central de Canberra. Ensuite le couple royal ira à Perth pour assister à une soirée avec 3 000 vétérans avant d'embarquer sur le *Renown* pour le voyage de retour. Cette tournée de six mois a été un grand succès diplomatique. Les liens entre la Grande-Bretagne et ses territoires de l'hémisphère austral se sont renforcés et surtout, il n'y a plus personne qui doute encore des capacités du duc de York.

Le duc de York inaugure le nouveau Parlement fédéral australien, dans la capitale Canberra, avec un discours fluide.

Fin d'une merveilleuse tournée aux antipodes

Une agréable journée à l'hippodrome

Adelaïde, 4 mai 1927
Aujourd'hui, les visiteurs royaux ont abandonné discours et cérémonies pour assister à la Coupe d'Adelaïde, à l'hippodrome de Morphettville. Un choix heureux qui les rapproche encore plus des Australiens, car un « fair dinkum Aussie » (un vrai de vrai) doit aimer les courses. C'est tout à fait le cas de la duchesse. La famille Bowes Lyon est passionnée par les courses de chevaux, et les couleurs de leur écurie, bleu rayé de chamois, casquette toute noire au pompon doré, sont connues sur les hippodromes de Grande-Bretagne. De la même façon, Albert de York a les courses de chevaux dans le sang. Son grand-père, Edouard VII, fut un des propriétaires les plus heureux de son temps. Son manifique cheval, *Diamond Jubilee*, a remporté cinq grandes épreuves, dont la fameuse 2 000 Guineas, le Derby et aussi le St Léger, en 1900. Cette année, son cheval *Ambush II* a gagné le Grand National Steeple. Le duc n'a pas voulu se lancer dans les courses, bien que son épouse soit une très bonne cavalière et lui très vaillant au polo. Pour l'instant, les obligations ne leur en laissent pas le temps et leur fille les assagit. Cependant, la duchesse avait un tel enthousiasme, ajoutant ses encouragements à ceux de la foule, qu'il suffirait de bien peu pour qu'elle ne se laisse aller à ce beau « sport des rois ».

Regardant les chevaux se débattre dans la Coupe d'Adelaïde à Morphettville.

Les retrouvailles d'Elizabeth et de sa fille

Londres, 27 juin 1927
Elizabeth a eu de belles retrouvailles avec sa fille après une absence de six mois. Au plus grand plaisir de ses admirateurs, elle s'est présentée sur le balcon à côté de son mari, l'enfant dans ses bras, devant leur nouvelle maison londonienne, située au 145 de Piccadilly. Le voyage de retour a été assez hasardeux : un incendie s'est subitement déclaré dans la salle des machines du HMS *Renown* à quelque 2 000 kilomètres des côtes entre Perth et l'île Maurice. Il a fallu plus de 12 heures pour le maîtriser. La duchesse savait que la situation était grave : tout le monde voulait à tout prix la rassurer... Pendant le reste du voyage, c'est la détente qui a primé : du repos, des parties de palet et du théâtre amateur, avec la participation de tout l'équipage du cuirassé. Il est certain que leur visite fut un grand succès. Lorsqu'ils ont quitté Perth, il y a six semaines, des milliers d'admirateurs sont venus au port pour chanter leurs adieux avec deux célèbres chansons écossaises. Et, lorsque le *Renown* est arrivé à quai à Portsmouth, l'accueil a été aussi enthousiaste bien que formel. Les trois frères du duc étaient sur le quai. Le roi George V et la reine se trouvaient à *Victoria Station* pour l'arrivée du train. Le roi a exprimé au duc sa satisfaction sur la façon dont il s'est comporté pendant cette tournée et toute son affection pour sa belle-fille. Le duchesse, elle, ne veut plus qu'une chose : sa fille.

Un jeu de palet à bord du HMS « Renown » pendant le long voyage de retour.

Elizabeth, contente d'être enfin réunie avec sa fille, sourit à la foule.

Le jazz rythme les pistes de danse

New York, décembre 1927
Le jazz – musique à la cadence endiablée, au rythme syncopé – est bien le phénomène de l'année. Duke Ellington, compositeur noir de jazz, attire le tout-New York, Noirs et Blancs, à Harlem où les onze membres de son ensemble musical produisent le « Jungle Jazz » au Cotton Club. Les particularités de sa musique sont des grognements de basse, des tam-tams et des « wa-wa » qui passent en sourdine. Paul Whiteman et son orchestre jouent du « jazz syncopé » avec, à la trompette, Bix Beiderbecke et, au trombone, Tommy Dorsey. Un groupe qui se nomme les Rythm Boys se produit avec le jeune chanteur Bing Crosby. A Chicago, Louis Armstrong, joueur de trompette à la voix râpeuse, réalise un hit avec « St James Infirmary Blues ».

1927 - 1929

18 juillet 1927. L'Association médicale britannique s'inquiète de la menace d'un service médical nationalisé.

4 août 1927. Les pourparlers à Genève sur la réduction d'armes de la marine se terminent sur un désaccord.

23 août 1927. Les anarchistes d'origine italienne Sacco et Vanzetti sont exécutés dans le Massachusetts pour le meurtre de deux personnes, malgré leurs protestations d'innocence et les appels du monde entier.

14 septembre 1927. La danseuse Isadora Duncan meurt à l'âge de 49 ans, lorsque son écharpe s'accroche dans les rayons d'une roue de sa Bugatti, lui brisant la nuque.

6 octobre 1927. Al Jolson est la vedette du premier film parlant, *The Jazz Singer*.

6 février 1928. Une femme mystérieuse, se disant la grande-duchesse Anastasia, cadette et seule survivante des enfants du tsar assassiné, arrive à New York.

30 septembre 1928. Le professeur Alexandre Fleming, de l'hôpital St Mary à Londres, découvre une moisissure, le Penicillium notatum, qui s'attaque aux bactéries.

6 novembre 1928. Herbert Hoover est élu président des Etats-Unis, avec 444 voix contre 87 pour le candidat démocrate, le gouverneur « Al » Smith de New York.

1er janvier 1929. Il y aurait 1,6 millions de téléphones en Grande-Bretagne.

30 janvier 1929. Staline demande à Trotsky de quitter l'URSS.

12 février 1929. L'actrice Lily Langtry, ancienne maîtresse d'Edouard VII, meurt sur la Côte d'Azur à 74 ans.

14 février 1929. Sept hommes sont tués par balles dans le « massacre de la St Valentin », à Chicago.

29 mai 1929. L'accord est donné pour des essais de contrôle routier à Oxford Street, avec des feux lumineux de style américain.

25 août 1929. L'administration britannique en Palestine déclare la loi martiale, suite aux hostilités entre Arabes et Juifs.

27 septembre 1929. La Grande-Bretagne décide de rétablir ses relations avec l'URSS.

31 décembre 1929. Les scientifiques commencent à accepter l'hypothèse du « Big Bang ».

La duchesse promue colonel en chef

Londres, août 1927

Pour marquer sa satisfaction du succès de la duchesse pendant sa tournée aux antipodes, George V l'a faite colonel en chef de l'un de ses propres régiments : le King's Own Yorkshire Light Infantry. Elizabeth est enchantée car c'est un régiment de très bonne réputation au combat, et beaucoup de ces soldats viennent d'une région dans laquelle sa famille a des liens historiques. Elle n'est pas étrangère aux affaires militaires : ses frères ont servi dans le Black Watch, et elle a vu le courage des soldats pendant la guerre lorsque Glamis fut transformé en hôpital militaire. Elle est aussi chargée de présenter des trèfles aux Gardes irlandais le jour de St Patrick. Cette tradition, qui date de 1901, se déroule devant le régiment réuni pour l'occasion.

Avec son régiment à Aldershot.

Le vieux George V découvre son fils Albert

Balmoral, septembre 1927

Le roi, après son fils Albert, est tombé sous le charme d'Elizabeth. Cela se remarque sans aucun doute lorsqu'ils sont ensemble. Le vieux George V bourru, tyrannique avec ses trois fils et sa fille, se détend et semble prendre un véritable plaisir en présence de sa belle-fille. Les courtisans n'en reviennent pas de la façon dont elle « emballe » le roi. Sans doute son succès découle-t-il en partie du fait qu'elle n'a point peur de lui et, bien qu'elle lui témoigne le respect dû à son rang et à son âge, elle reste parfaitement naturelle et ouverte en sa compagnie. Toutefois, ce qui impressionne le plus le roi est la façon dont elle réussit à mener ses obligations officielles et comment elle assume sa vie royale dans un respect du protocole qui s'améliore chaque jour davantage. « Les gens l'adorent dit-il, et Elizabeth semble les aimer, qui qu'ils soient. » Il fait des comparaisons par rapport à ces autres femmes qui entourent son fils aîné, lequel lui donne de plus en plus de désillusions. Le roi et son héritier semblent à peine capables de se supporter. L'effet de cette fissure et de l'estime du roi pour Elizabeth, de la façon dont elle a su donner confiance à son mari, et de l'amour de George V envers sa petite-fille « Lilibet », opère un rapprochement entre Bertie et son père. Pendant leurs dernières vacances passées en Ecosse, le roi et son fils Albert se sont rendu compte qu'ils pouvaient maintenant se parler d'homme à homme, entre adultes.

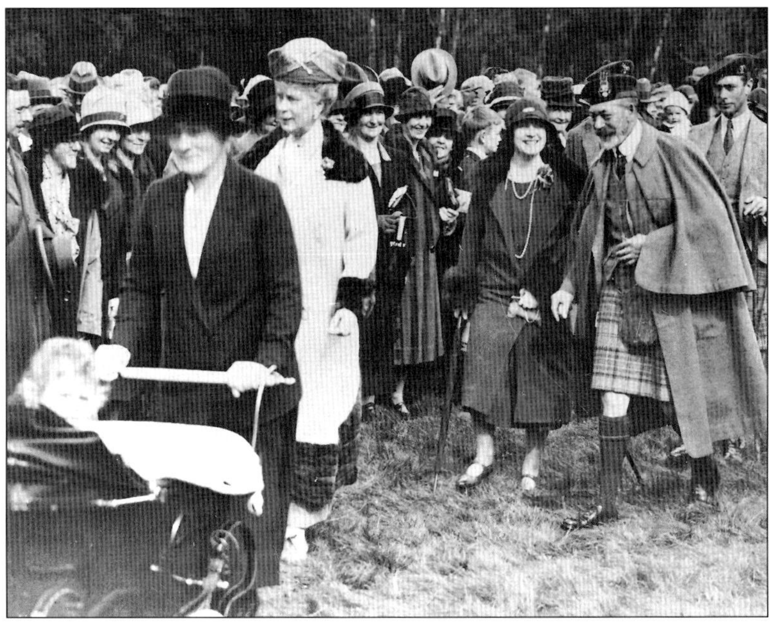

Elizabeth et son beau-père à une fête de charité dans le parc de Balmoral.

Une machine aux rayons X pour tenter de sauver la vie du roi

Les journaux, remplis des nouvelles du roi, se vendent en quelques minutes.

Londres, 23 novembre 1928

Le roi est gravement malade. Cette nuit, les médecins se sont précipités à son chevet à Buckingham et on a rappelé le prince de Galles de sa tournée en Afrique. Une bronchite chronique a provoqué une fièvre qui ne diminue pas et George V souffre en plus de congestion des poumons. Son état de santé s'est détérioré. Une de ces nouvelles machines aux rayons X a été installée au palais et son médecin espère ainsi découvrir la source de l'infection. La nation, inquiète, attend de ses nouvelles.

Elizabeth est chaque jour plus populaire

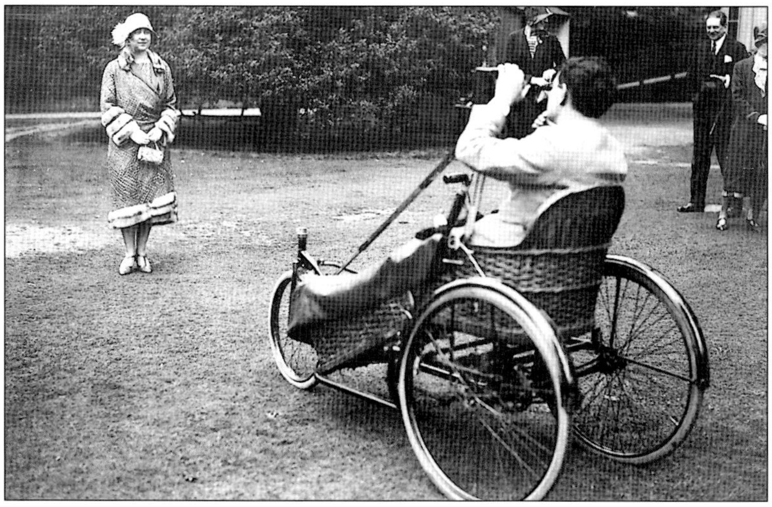

Une visite imprévue à l'asile de Queen Alexandra pour les blessés de guerre.

L'inauguration d'un refuge à Hutton.

Londres, été 1929
La popularité d'Elizabeth grandit chaque jour un peu plus auprès du peuple britannique. Elle s'habille avec beaucoup de goût, est toujours prête à écouter, remplit ses très nombreuses fonctions avec calme. On peut l'aborder facilement et cela, peu de gens de la cour peuvent s'en targuer. « Elle est sensationnelle ! » résume bien le jugement populaire. La réussite de son mariage, dont tout le monde est conscient, l'aide sans aucun doute. Sa fille est aussi très populaire. La jeune Elizabeth est en couverture de la revue *Time* à l'occasion de ses trois ans. Où que l'enfant se déplace, la foule réclame « Lilibet ». Le duc n'échappe pas à la hausse de cette popularité. Le peuple semble apprécier ses efforts pour briser les barrières sociales. A sa colonie de vacances, deux cents fils d'ouvriers, sous les auspices de la *Industrial Welfare Society*, et deux cents garçons des meilleures écoles dorment ensemble à la belle étoile. Malgré les a priori du palais, le duc a passé quelques jours avec ces jeunes qu'il invite chaque année.

L'inspection des HLM à Kensington après avoir inauguré Crosfield House.

La reine Mary découvre les plaisirs de l'art

Londres, mars 1928
La reine Mary et sa belle-fille, la duchesse de York ont apporté leur soutien à l'exposition organisée par la *Civil Service Art Society* au *Victoria and Albert Museum*. La duchesse a réussi à communiquer son goût de l'art à une famille royale peu connue pour ses penchants artistiques ou littéraires. La reine Mary apprécie les belles choses mais elle s'intéresse en priorité aux bijoux de sa superbe collection. Par contre, la duchesse est toute différente : elle joue bien du piano, s'y connaît en art moderne et suit les nouvelles littéraires. Elle aime fréquenter les artistes et les écrivains, qui sont souvent étonnés par sa culture.

A l'exposition de la fonction publique.

David, le frère de la duchesse, se marie

Londres, février 1929
David Bowes Lyon, le frère préféré de la duchesse de York, s'est marié, ce matin, avec Rachel Spender-Clay. Le père de la mariée est membre du Parlement. Conseiller privé, il est lieutenant-colonel. Il fait partie de cette bourgeoisie dans laquelle la duchesse se sent à l'aise. David a une très grande infuence sur sa sœur. Elle compte beaucoup sur les conseils discrets et avisés de son frère, qui lui donne des opinions autres que celles des courtisans. Ceux-ci semblent souvent être en dehors du monde des réalités. Le jeune homme fait carrière dans une banque de commerce réputée ; son expérience lui donne un point de vue qu'elle compare avec celui du ministre des Affaires étrangères. David joue un rôle important.

Elizabeth et Bertie quittent l'église de St Margaret à Westminster, après le mariage de David Bowes Lyon.

Effondrement de la Bourse à Wall Street

New York, 24 octobre 1929
Dans un mouvement de panique générale, 13 millions d'actions se sont vendues, aujourd'hui, à la Bourse de New York. L'attitude des actionnaires, qui ont voulu « vendre à n'importe quel prix », a entraîné une grave chute des cours. Certains se sont même suicidés. La police anti-émeute a été appelée pour disperser des foules hystériques venues à Wall Street pour s'informer sur les mesures d'urgence prises par les banquiers dans une réunion de dernière minute. Les valeurs ont remonté lorsque Thomas W. Lamont, le partenaire senior de J. P. Morgan, est sorti de la réunion avec de fausses assurances : « Il y a eu de légères ventes de détresse à la Bourse, a-t-il dit en ajoutant que la situation « était plutôt un problème technique que fondamental ». Malgré ces mots rassurants, il est évident que les rêves de certaines personnes se sont inéluctablement brisés et que beaucoup sont ruinés.

1930 - 1933

31 janvier 1930. Conférence des cinq puissances navales à Londres pour mettre un terme à la course aux armements qui selon le roi, « mène à un manque de confiance entre les nations et aboutira à la guerre ».

10 mars 1930. Le nombre de chômeurs en Grande-Bretagne s'élève à 1,5 million.

24 septembre 1930. Le duc de York remplace le prince de Galles en tant que capitaine du *Royal and Ancient Golf Club*.

3 octobre 1930. Baptême, en cérémonie privée, de la princesse Margaret au palais de Buckingham.

10 janvier 1931. Le prince de Galles rencontre Mr et Mme Ernest Simpson à une réception organisée par Lady Furness.

1er mai 1931. Le Président Hoover inaugure à New York le plus haut immeuble. L'Empire State Building fait 380 mètres.

24 août 1931. Chute du gouvernement travailliste. Le Premier ministre, MacDonald, forme un gouvernement nationaliste.

18 septembre 1931. Le duc et la duchesse de York visitent leur future maison, le Royal Lodge, dans le parc de Windsor. Elle est en mauvais état mais ils l'aiment beaucoup.

30 septembre 1931. Manifestation des chômeurs à travers le pays et mutinerie de 12 000 matelots à Invergordon pour protester contre le programme d'austérité.

2 mars 1932. Rapt du fils de Charles Lindbergh, âgé de vingt mois. Le gangster, Al Capone, offre 10 000 dollars de récompense pour le retour du bébé sain et sauf.

Avril 1932. La duchesse de York embauche Mlle Marion Crawford comme gouvernante. On la surnomme aussitôt « Crawfie ».

8 novembre 1932. Franklin Delano Roosevelt est élu Président des Etats-Unis.

25 décembre 1932. Pour la première fois, le roi George V exprime ses vœux de Noël à la radio.

28 janvier 1933 La duchesse de York rencontre Mme Wallis Simpson à Fort Belvedere, la maison du prince de Galles située près de Windsor.

30 janvier 1933. Adolf Hitler est élu chancelier d'Allemagne.

5 décembre 1933. Fin de la prohibition aux Etats-Unis.

Margaret naît sous le tonnerre et l'éclair

Château de Glamis, 22 août 1930
La duchesse de York a accouché d'une deuxième fille à la propriété de Glamis, cette nuit, pendant qu'un orage d'été déchirait le ciel avec de violents éclairs accompagnés de coups de tonnerre. Elle souhaitait accoucher de ce deuxième bébé dans ce lieu romantique, dont elle a gardé beaucoup d'heureux souvenirs. Le roi George V lui avait octroyé avec plaisir le droit d'aller accoucher en Ecosse. Cet événement, qui arrive avec quinze jours de retard, a rendu la vie quelque peu difficile à deux personnes : J. R. Clynes, ministre de l'Intérieur et Harry Boyd, secrétaire chargé des cérémonies au ministère de l'Intérieur. La loi britannique veut que le secrétaire du ministère de l'Intérieur soit présent à tous les accouchements royaux, tradition qui découle d'une rumeur qui dit qu'en 1688 on aurait fait entrer un bébé dans la couche royale. Il était dissimulé dans une bassine. Ainsi, le matin du 5 août, les deux témoins sont arrivés au château d'Airlie, à quelque huit kilomètres de Glamis. Pendant quinze jours, ils ont ainsi tourné en rond, et puis, le moment venu, ont fait le trajet à la vitesse d'un cheval au galop, sous le plus fort de l'orage. Ils sont arrivés juste vingt minutes avant la naissance. Ce soir, l'Ecosse célèbre une nouvelle princesse royale née sur le bon sol écossais. Un grand feu sera allumé sur les hauts de Hunter's Hill pour annoncer la nouvelle, et nombreux seront les verres de *scotch* bus en l'honneur du nouveau-né. Elle a déjà posé un problème à ses parents. Ils étaient si certains d'avoir un garçon qu'ils n'avaient envisagé aucun nom féminin. Puis la duchesse s'est fixée sur Ann Margaret parce que « Ann Margaret York » lui paraît « si joli, et Elizabeth et Ann vont tellement bien ensemble. » Mais, cette fois, le roi, qui d'habitude aime lui faire plaisir, a dit non. Il désapprouve le nom d'Ann, donc elle s'appellera Margaret Rose. Il ne manque plus qu'une nurse et une belle maison.

Le nouveau bébé de la duchesse de York sera la princesse Margaret Rose.

« Crawfie » : la gouvernante du bébé.

Les York sont enchantés de leur nouvelle maison, le Royal Lodge à Windsor.

Paris leur offre un fabuleux accueil

Paris, juillet 1931
Une foule enthousiaste a accueilli le duc et la duchesse de York à Paris. Le couple royal a visité l'exposition coloniale, vitrine de la grandeur de l'empire français. Leur guide pour cette visite est le maréchal Lyautey, fondateur du Maroc moderne, aussi grand administrateur colonial. Au cours du dîner officiel offert par le maréchal et le ministre des Colonies, le duc de York proposa un toast : « A l'entente franco-britannique et à la prospérité de la France et de son empire colonial. » D'une voix lente mais sans hésitation, il poursuivit : « Nos deux empires se rejoignent partout à la surface du monde... Nos frontières communes, loin de créer des désaccords, nous poussent vers une coopération de plus en plus amicale. » Son discours reflète bien que, malgré l'intérêt que le peuple français manifeste aux visiteurs royaux, il y a une raison politique cachée derrière ce déplacement à Paris. Les empires se transforment. L'Inde est impatiente de se libérer, et le *Statute of Westminster*, limitant la couronne britannique à un simple rôle symbolique vis-à-vis de tous les territoires du Commonwealth libre, prend force de loi à la fin de l'année. Les Français sont aussi confrontés aux revendications de liberté de la part de leurs colonies. Dans un monde en pleine crise économique, où le fascisme prend de l'ampleur et où le communisme est une menace sérieuse, les acclamations pour le couple britannique sont un signe autant politique que populaire.

Un bouquet pour la duchesse.

En Ecosse, elle fête le cinquantième anniversaire de ses parents

Glamis, 10 août 1931
Les York sont à nouveau en Ecosse pour assister aux fêtes en l'honneur du cinquantième anniversaire des parents de la duchesse, le comte et la comtesse de Strathmore. Dès leur arrivée, ils se sont trouvés au cœur de cette grande et très exubérante famille. Le château de Glamis, si célèbre en Ecosse pour son passé, a retenti des cris de la jeune Elizabeth et de ses cousins qui jouent dans les anciennes salles. Il y aura un bal et un feu sera allumé dehors. Il arrive du monde de partout pour rendre hommage au comte, ce respectable *Lord Lieutenant*, et à sa charmante épouse, Nina Cecilia. Le fait d'être d'étiquette royale importe peu pour les Ecossais, et les York, restés simples, en sont très heureux.

Les York avec leur fille Elizabeth et sa cousine Diana au château de Glamis.

La royauté réduit son train de vie et les chômeurs grognent

Ascot, 7 novembre 1931
La crise économique frappe de plein fouet et les ouvriers en souffrent d'autant plus que leur pauvreté est exacerbée par l'humiliation d'être au chômage. Il semble que seules les personnes riches ont droit à une vie insouciante et leurs actes de charité paraissent plus paternalistes que charitables. La duchesse de York consacre une grande partie de son temps à essayer de rassembler des fonds pour ses œuvres de charité mais aller à la pêche de bouteilles de champagne, à moitié enfouies dans du sable, n'est vraiment pas de bon ton. Ce que les chômeurs veulent, c'est du travail pour subvenir aux besoins de leurs propres familles. A travers tout le pays, ils manifestent contre leur sort. Le gouvernement nationaliste a déjà pris des mesures draconiennes : hausse des impôts, restriction des frais et baisse globale des salaires sous son contrôle. Le roi a décidé que la famille royale devait montrer sa bonne foi et a réduit les revenus royaux de la liste civile de 50 000 livres par an, jusqu'à la fin de la crise. Il a également renoncé à la chasse à Windsor Great Park. Le roi savait le prince de Galles dans une boîte de nuit parisienne. Il l'y a fait appeler au téléphone pour lui dire de faire partie de cette campagne de restrictions budgétaires. Edouard a ainsi abandonné 10 000 livres de ses revenus. Aujourd'hui à Ascot, le duc de York, au bord des larmes, a dû vendre ses chevaux de chasse. Il a dit ses regrets au maître de Pytchley, Ronald Tree : « Je me suis rendu compte de la terrible réalité de la crise, je me dois de renoncer à la chasse et vendre mes chevaux... »

Elizabeth à une kermesse de charité.

Les chômeurs manifestent par une marche depuis l'Ecosse jusqu'à la capitale.

La duchesse se rend au pays de Galles

Pays de Galles, avril 1933
Elizabeth tente de combler le fossé qui s'est creusé entre les mineurs gallois et le gouvernement depuis l'échec de leur longue grève. Elle a visité l'hôpital d'Aberdare avant de se rendre à la houillère d'Abercynon où elle a réussi à charmer les mineurs. Il y a quelques années, on considérait ces hommes comme une avant-garde de la révolution Rouge. Cette visite n'est qu'une parmi tant d'autres faites par la duchesse et son mari dans les régions industrielles au moment même où le pays émerge péniblement des affres de la crise mondiale. Elle a appris, à son grand étonnement, qu'en dépit de ces difficultés la classe ouvrière a encore une belle affection pour la famille royale. En fait, l'opposition la plus farouche à la monarchie ne provient pas des milieux pauvres mais des jeunes bien dotés. Ceux-là, encore marqués par le carnage de la dernière guerre et la montée fulgurante du fascisme dans plusieurs pays d'Europe, trouvent dans le communisme le seul espoir de sortir de la crise. En février, le pays fut choqué quand le syndicat d'Oxford fit adopter par 275 voix contre 153 une motion qui, pour l'essentiel proclamait : « En aucune circonstance, notre institution ne combattra pour son roi ou pour son pays. » De son côté, la duchesse se fait des amis de tout rang social partout où ses obligations officielles l'amènent dans le pays. Ses contacts avec les ouvriers sont nombreux.

Un mineur de la houillère d'Abercynon montre sa lampe Davey à Elizabeth pendant sa visite au site.

1934 - 1935

16 janvier 1934. Selon Winston Churchill, « nous n'avons jamais été aussi vulnérables qu'à présent ».

24 février 1934. Mort à 76 ans de Sir Edward Elgar, compositeur des marches « *Variations de l'Enigme* » et « *Pompe et Circonstance* ».

1er mars 1934. Le Japon qualifie l'ancien empereur de Chine Pu-Yi d'empereur fantoche de Mandchourie.

20 juin 1934. Le prince de Galles, de plus en plus sous la domination de Mme Simpson, rompt tout contact avec Freda Dudley, sa plus proche amie et conseillère depuis seize ans.

30 juin 1934. Hitler lance la « nuit des longs couteaux », dirigée contre les sections d'assaut nazies qui furent jadis ses plus loyaux supporters.

25 juillet 1934. Le chancelier d'Autriche, Engelbert Dolfuss, est assassiné par des nazis.

9 octobre 1934. A Marseille, un nationaliste croate tue le roi Alexandre de Yougoslavie et le ministre français des Affaires étrangères, Louis Barthou.

4 mars 1935. La Grande-Bretagne augmente son budget de la défense face au réarmement massif des Allemands.

19 mai 1935. T. E. Lawrence, connu sous le nom de Lawrence d'Arabie, meurt après cinq jours de coma. Il avait eu un grave accident de moto.

7 juin 1935. Le roi rappelle Stanley Baldwin au poste de Premier ministre après la démission, pour raisons de santé, de Ramsay MacDonald.

19 septembre 1935. Les décrets de Nuremberg d'Hitler privent les Juifs de leur citoyenneté et les bannissent de toute fonction publique.

2 octobre 1935. L'invasion de l'Abyssinie par Mussolini a commencé à l'aube ce matin avec des bombardements aériens et l'infiltration d'un effectif de 100 000 hommes.

9 octobre 1935. Marina, duchesse de Kent donne à son mari, George, duc de Kent, un fils qu'ils appellent Edouard.

6 novembre 1935. Le duc de Gloucester épouse Lady Alice Montagu-Douglas-Scott, la fille du duc de Buccleuch. Le roi note : « Tous les enfants sont mariés, sauf David. »

31 décembre 1935. Robert Watson-Watt a breveté une méthode de détection d'aéronefs par la réflection des ondes radio.

Le prince de Galles s'éprend d'une divorcée

Le prince de Galles assiste à un dîner des Pèlerins avec Stanley Baldwin.

Londres, décembre 1934
Le prince de Galles fait beaucoup parler de lui et la famille royale est choquée par sa manière d'afficher sa liaison avec Wallis Simpson, une Américaine déjà divorcée et qui vit toujours avec son second mari. Le prince a bafoué toutes les règles de l'étiquette en la présentant au roi et à la reine sans les en avoir informés. C'était le 27 novembre, au cours du bal donné au palais de Buckingham à l'occasion du prochain mariage du duc de Kent et de la princesse Marina de Grèce. Le lendemain, les York ont tenu à ne pas inviter les Simpson pour le déjeuner qui rassemblait les personnalités à la veille du mariage. Si la duchesse s'est bien entendue avec une autre des maîtresses de son beau-frère, Thelma Furness, elle s'oppose farouchement à la liaison avec Mme Simpson. L'affaire pèse lourdement sur les épaules de son mari, inquiet des répercussions de ce scandale sur la santé de son père, le roi. Entre-temps, le prince affiche son amour pour Mme Simpson, qui se conduit déjà comme si elle était une impératrice.

Mme Simpson à son premier mariage.

Le duc de Kent et Marina se marient

Londres, 29 novembre 1934
Le prince George, devenu duc de Kent depuis le mois dernier, s'est marié avec l'éblouissante princesse Marina de Grèce. Le roi et la reine sont enchantés de ce parti, car, en plus de sa grande beauté, Marina est réputée pour être femme équilibrée. Et George, qui a frôlé le désastre en touchant à la drogue et en fréquentant des femmes peu convenables, a besoin d'équilibre. Mais, cette fois, il semble que son amour pour Marina l'ait transformé. La cérémonie était célébrée par l'archevêque de Canterbury en présence d'un évêque de l'Eglise orthodoxe grecque. Les York étaient garçon et demoiselle d'honneur. Les membres des deux familles royales, les hommes en grand uniforme, étaient assis autour du chœur. Les invités se sont alors rendus au palais de Buckingham où une autre cérémonie, célébrée selon le rite grec, a eu lieu dans la chapelle privée.

Deux petites princesses visitent leur ville

En arrivant à l'Olympia pour le Royal Tournament, prestige des armées.

Londres, juillet 1935
La petite princesse Elizabeth et sa sœur, la princesse Margaret Rose, commencent à découvrir le monde qui existe au-delà des grilles de leur palais. La gouvernante « Crawfie » les a promenées dans les grands magasins et le métro londonien. Connues de tous, elles se retrouvent sans arrêt entourées d'admirateurs. Leur mère a décidé de les amener à des événements publics, tels que le *Royal Tournament* à l'Olympia, où les militaires montrent leur habileté à manier les armes. Même pour ces sorties ordinaires, la duchesse insiste pour que ses filles s'habillent et se comportent comme des princesses. Elle leur répète : « C'est cela que le peuple attend de nous. »

Festivités pour vingt-cinq années de règne

Le roi et la reine en route pour l'office de grâces à la cathédrale St Paul.

Londres, 6 mai 1935
La foule a fait honneur au roi George et à la reine Mary pendant tout le trajet qui les conduisait à la cathédrale St Paul, où ils célébraient leur jubilé d'argent. Ces vingt-cinq dernières années furent loin d'être faciles ; la guerre de 1914 - 1918 fut suivie de la dépression. Il y a eu beaucoup de larmes. Aujourd'hui, la nation est en liesse. Elle fait la fête dans les rues tant pour les enfants que pour les parents. Le roi, surpris par ces démonstrations d'affection et de loyauté, a dit à l'archevêque de Canterbury : « Mais je ne suis qu'un homme ordinaire. » « Oui Sire, c'est précisément cela », lui a répondu le prélat. Ce soir, on chante devant le palais de Buckingham.

Philip de Grèce dans « Macbeth »

Gordonstoun, été 1935
Le prince Philip de Grèce, un de ces nombreux princes exilés parmi les descendants de la reine Victoria, vit maintenant en Grande-Bretagne avec ses parents, les Mountbatten. Il fait ses études à Gordonstoun, dans une école progressiste située dans le Morayshire, dirigée par Kurt Hahn, un professeur d'allemand. Philip, bien plus sportif qu'intellectuel, était Donalbain dans *Macbeth*.

Philippe joue un rôle dans la pièce.

Son régiment reçoit de nouvelles couleurs

Glamis, 10 août 1935
La duchesse de York a présenté ses nouvelles couleurs au *Black Watch*. Elles remplaceront celles qui ont été perdues dans l'incendie dévastateur de Dundee. Ses filles et son mari ont aussi assisté à la grande parade où les soldats balançaient leurs kilts au rythme des cornemuses. Ils ont aussi défilé dans le parc de Glamis. La duchesse est fière de ce régiment, une des unités de combat les plus distinguées de l'armée britannique. Créé en 1735 afin de contrôler les rebelles des Highlands, ce régiment se compose d'hommes recrutés dans la région de Glamis. Le frère de la duchesse, Fergus, faisait partie de ce régiment quand il est mort à la Loos. Le duc, très pointilleux pour ce qui touche au protocole, portait le kilt sombre du *Black Watch* et avait le *skean dhu* – un couteau noir – dans la chaussette. Les Ecossaises, très économes, approuvent la duchesse qui portait, comme ses filles, les mêmes toilettes que celles déjà vues au *Royal Tournament*.

La duchesse arrive avec ses filles à Glamis pour la présentation des couleurs.

La petite princesse adore les chevaux

Londres, été 1935
La princesse Elizabeth a hérité de la passion des chevaux de sa mère et toutes deux adorent assister aux concours hippiques. La duchesse a appris à monter sur des poneys rustiques à Glamis, mais « Lilibet » prend des leçons plutôt classiques depuis l'âge de 3 ans, l'année où le roi George lui a offert un poney. Elle est aujourd'hui devenue une cavalière accomplie.

Au concours hippique de Richmond. ▷

19 janvier 1936. Mort de Rudyard Kipling. Ecrivain très apprécié, il était le chantre de l'Empire. Il avait 70 ans.

21 janvier 1936. Le prince de Galles, appelé David par la famille royale, est proclamé roi d'Angleterre. Il régnera sous le nom d'Edouard VIII.

7 mars 1936. L'armée allemande viole les traités de Versailles et de Locarno en avançant en Rhénanie.

8 avril 1936. Les Italiens utilisent des gaz toxiques en Abyssinie.

16 juillet 1936. Pendant le retour du roi au palais après la présentation des nouvelles couleurs aux six bataillons de la Garde, un journaliste écossais sort un revolver. Il est désarmé avant d'avoir pu tirer.

17 juillet 1936. Le général Francisco Franco, chef du détachement espagnol au Maroc, mène une rébellion contre le gouvernement républicain.

16 août 1936. L'Allemagne organise les Jeux olympiques à Berlin. Hitler est furieux lorsque l'Américain noir Jesse Owens remporte quatre médailles d'or.

11 octobre 1936. Rixes violentes dans les quartiers est de Londres lorsque les anti-fascistes tentent d'empêcher un défilé des 7 000 supporters en chemise noire de Sir Oswald Mosley.

30 novembre 1936. Le Crystal Palace, fierté de Londres, est détruit par un incendie que voyaient des pilotes à mi-chemin vers la France.

29 janvier 1937. Staline poursuit purges et simulacres de procès. Treize anciens chefs bolcheviks sont condamnés à mort après avoir « avoué » leurs actes de trahison et de complicité avec Trotsky.

27 avril 1937. Les bombardiers allemands, à la demande de Franco, lâchent des quantités de bombes sur Guernica, centre spirituel et culturel des Basques.

6 mai 1937. Le dirigeable allemand *Hindenburg* explose au moment même de son arrivée à New Jersey. On dénombre 33 morts.

28 mai 1937. Neville Chamberlain succède à Stanley Baldwin, qui prend sa retraite, au poste de Premier ministre.

30 août 1937. L'Américain Joe Louis triomphe du Britannique Tommy Farr. Il défendait son titre mondial des poids lourds au Madison Square Garden.

George V est mort et le pays pleure

La dépouille du roi, sur une prolonge d'artillerie tirée par des marins, fait son dernier voyage à travers la capitale.

Windsor, 28 janvier 1936
Le roi George V, tant aimé de son peuple, a été enterré aujourd'hui à la chapelle St George, en présence de toute sa famille et d'un cortège où on ne comptait pas moins de cinq monarques étrangers. La dépouille arriva avec une heure de retard dû à la foule massée le long de la route depuis la gare. Le cercueil fut alors descendu dans le caveau de famille alors que le roi, Edouard VIII, le parsemait d'une poignée de terre puisée dans un bol d'argent. Ainsi se termine une longue semaine de rites funéraires après le décès du roi George V. Il était déjà miné par une forte bronchite chronique quand la famille s'est réunie à Sandringham pour célébrer Noël. Il ne s'en est pas remis. Ce ne furent pas de joyeuses fêtes. En plus de la maladie du roi, la duchesse de York attrapa une bonne grippe qui s'est très vite transformée en pneumonie. Quant au futur roi, il ne pensait qu'à l'instant où il irait retrouver sa Mme Simpson. Puis, le 16 janvier, le duc de York a reçu un message de sa mère lui demandant de venir l'aider parce que son père, malade, avait dû se retirer dans sa chambre. Très vite, il est devenu évident que le roi se mourait. Il a rempli ses fonctions jusqu'au bout. A 12 h 15, le 20 janvier, il reçut trois ministres du Cabinet pour débattre de la mise en place d'un Conseil d'Etat qui agirait en son nom. Dès que l'acte fut signé, les ministres partirent avec les larmes aux yeux. Un peu plus tard, son médecin Lord Dawson, faisait publier le bulletin suivant : « La vie du roi s'achemine doucement vers sa fin. » George V mourut à 23 h 55, entouré de ses fils et de sa fille. Quand Lord Dawson confirma la mort, la reine, aussi majestueuse que d'habitude, se tourna alors vers le prince de Galles et lui fit le baiser d'hommage sur la main. Il était roi d'Angleterre. Pendant ses dernières heures, son père s'était fait du souci en ce qui concernait sa succession. Il avait confié au Premier ministre : « Après ma mort, ce garçon va se ruiner en un an. » Un officiel l'a entendu dire : « Je prie Dieu que mon fils aîné n'ait jamais ni femme ni enfant, et que rien n'empêche Bertie et Lilibet d'accéder au trône. »

La duchesse de York arrive pour accompagner le cercueil à Londres.

cet officier de la Royal Navy que tous aimaient

Les princes marchent derrière le cercueil de leur père dans le cortège funèbre.

Le prince de Galles mène le cortège lorsque son père est mis dans le caveau.

Londres, 28 janvier 1936
Plus d'un million de personnes ont défilé devant la dépouille du roi George V, exposée solennellement à Westminster Hall. Tout le pays est profondément touché par sa mort. A son jubilé d'argent, le roi s'était rendu compte que ce peuple avait fini par l'aimer. Avant tout timide et incapable d'exprimer ses émotions, il ne comprenait pas pourquoi son peuple avait de l'affection pour lui. « Je ne suis qu'un simple officier de la Navy, aurait-il dit, je n'ai fait que mon devoir. » C'est justement parce qu'il était un homme simple qui s'employait à accomplir son devoir dans des moments particulièrement difficiles que les Britanniques ont appris à l'apprécier. Son plus grand succès a peut-être été d'assurer l'union de la famille royale quand tant de dynasties s'effondraient en Europe. Sans aimer le changement, il a su accepter le gouvernement travailliste afin de garder l'unité du pays pendant la crise. Tyran avec les siens, il régnait avec douceur.

Selon une cérémonie ancienne, le héraut proclame, du balcon du palais St James, le prince de Galles nouveau roi sous le nom d'Edouard VIII d'Angleterre. ▷

Les York tentent de préserver leur vie familiale

Bertie et Elizabeth continuent à remplir leurs fonctions. Avec leurs filles, ils sont avant tout une famille heureuse.

Londres, 30 juillet 1936
Les York sont débordés par leurs obligations officielles. Ils ont visité Durham et sont descendus dans une mine, au nom bien choisi de *Glamis Pit*, à Kibblesworth, où les mineurs leur ont fait un accueil chaleureux. Le bulletin officiel de la cour n'est rempli que de leurs rendez-vous : la duchesse doit inaugurer une salle pour les enfants à l'hôpital St Mary, une cour de récréation à l'hospice des enfants abandonnés, elle sera également présente à une exposition d'artisanat écossais. Elle s'acquitte de ces obligations apparemment peu passionnantes comme s'il s'agissait des événements les plus importants de sa vie. Le duc, de plus en plus confiant et populaire, a appris son difficile métier de frère du roi. Le couple essaye aussi de profiter d'une véritable vie de famille en faisant du jardinage à Royal Lodge. Là, on les trouve habillés de vieux vêtements, aidés de leurs filles et jouant avec leurs chiens, des labradors dorés et des corgis, Jane et Dookie. Le soir, c'est un dîner avec des amis et des sorties au théâtre. Les deux filles font leurs études et adorent jouer à la maison dans une jolie chaumière miniature, cadeau du peuple gallois. La duchesse Elizabeth a eu droit aux obligations royales en remettant les prix aux juniors du grand concours hippique de Richmond. La vie de cette famille heureuse est toutefois troublée par l'état de crise qui se développe autour du règne du roi Edouard VIII, que les princesses nomment « Oncle David ». Le roi ne dissimule pas son manque d'intérêt vis-à-vis de la cour et son attitude envers ses obligations est cavalière. Il a placé le gouvernement dans une situation embarrassante avec son admiration pour le Parti national-socialiste d'Hitler. Et, par-dessus tout, il est si préoccupé par sa liaison avec Mme Simpson que tout le reste lui semble sans importance. Il a fait en sorte que sa maîtresse puisse voir la cérémonie de proclamation d'une fenêtre du palais St James. Allant à l'encontre du protocole, il s'est alors déplacé à ses côtés à la fenêtre où elle se trouvait et il a même été photographié en train de lui parler. Pendant un dîner officiel au début du mois, durant lequel Mme Simpson a fait fonction d'hôtesse du roi, Winston Churchill a lancé, d'un air un peu coquin, la conversation sur la femme secrète du roi George IV, Mme Fitzherbert. La duchesse de York l'a coupé d'une voix nette : « Eh bien, cette affaire s'est passée il y a bien longtemps. » Sa sensibilité sur la question vient de l'insistance du roi pour que le nom de Madame Simpson figure systématiquement parmi ceux de ses invités dans le bulletin de la cour. Elle pense que l'on se sert d'elle, de son mari et des autres invités pour donner une forme de respectabilité à la liaison du roi avec Mme Simpson.

A la mine du comté de Durham, avant de descendre dans le puits.

Avec la princesse Elizabeth et la princesse Margaret et leurs animaux.

Arrivée à la distribution des prix de l'association St John's Ambulance.

Avec une jeune patiente dans la nouvelle aile de l'hôpital St Mary.

Le roi Edouard VIII trace un sillage de scandales

Le roi, Mme Simpson et une amie, Mme Herman Rogers, pendant la croisière.

Edouard s'ennuie pendant une réception en plein air au palais de Buckingham.

Aberdeen, 24 septembre 1936

L'Ecosse s'indigne et les rapports déjà tendus entre le roi et les York se sont encore aggravés à la suite d'un manque de tact du roi. Celui-ci avait décliné l'invitation à l'inauguration d'une infirmerie à Aberdeen, sous prétexte d'être toujours en deuil de son père. Il s'est fait remplacer par le duc et la duchesse, qui ont fait cette visite avec leur amabilité habituelle. Le jour même, le roi était à la gare d'Aberdeen, où il accueillait Mme Simpson. Un photographe l'y a surpris et reconnu. Et, ce matin, la presse publiait une photo d'Edouard VIII portant des lunettes d'automobiliste, à côté d'un autre cliché qui représentait les York remplissant leurs fonctions royales. Le titre s'étalait sur la page : « Sa Majesté à Aberdeen, une visite très inattendue pour venir rencontrer ses invités. » La question est : combien de temps peut-on encore cacher ce scandale au peuple britannique ? Il y a huit jours, le roi revenait d'une croisière à bord du yacht *Nahlin*. Il y était accompagné de Mme Simpson et d'un groupe d'intimes. Depuis le moment où le roi a embarqué dans le port de Sibenik, en Yougoslavie, le 10 août, cette croisière a été la cible favorite de la presse mondiale. Des journalistes américains les ont suivis tout autour de l'Adriatique jusque dans les ports de Grèce et de Turquie. La foule acclamait les passagers quand ils débarquaient et le roi est devenu la cible de remarques grivoises. Il ne fait plus aucun effort pour cacher sa liaison avec Madame Simpson. On les a photographiés prenant des bains de mer, visitant les sites archéologiques, et un cliché montre Mme Simpson la main posée sur le bras du roi qui la regarde avec tendresse. Le monde entier, hormis les Britanniques, est au courant des moindres détails de cette croisière. La censure voulue par Fleet Street était contrôlée par les magnats de la presse britannique, Lord Beaverbrook et Lord Rothermere. Elle a empêché le scandale d'arriver aux lecteurs anglais. Mais les nouvelles arrivent par la presse étrangère. Dans les milieux politiques et à la cour, chacun prend position pour ou contre le roi. La presse américaine prédit qu'Edouard VIII se mariera avec « Wally ». La duchesse de York refuse, elle, de lui parler.

Lord Rothermere veut tout cacher.

Le magnat Lord Beaverbrook

▷

Elizabeth reçoit un fabuleux bouquet

Londres, juillet 1936
La duchesse de York, passionnée de jardinage, adore être entourée de fleurs. Si elle reçoit souvent des bouquets, peu d'entre eux sont aussi beaux que celui qui lui a été offert à son arrivée à la *British Industry House*. Elle visitait une exposition de produits écossais allant de la laine au haggis. Elle l'a accepté avec un grand plaisir, admirant les fleurs et la façon dont elles étaient disposées. Si cela avait été un simple bouquet de pois de senteur cueillis dans un jardin de cottage, elle aurait réagi de la même façon. Chaque fois qu'elle reçoit un bouquet, c'est comme si c'était le premier tant elle manifeste du plaisir et de la surprise. En fait, parmi ses multiples obligations, ce qu'elle préfère est d'assister à des floralies. Elle parle avec compétence d'horticulture et, surtout, de roses. Lorsqu'on demande à la duchesse quelle est la fleur qu'elle préfère, elle répond : « Toutes les fleurs. » Elle partage la passion des jardins avec son mari. Ils ont transformé le parc un peu négligé de Royal Lodge en un magnifique jardin. Les pelouses sont coupées par des massifs faits d'arbustes entourés de parterres de fleurs sélectionnées avec goût et de plantes ornementales.

La duchesse admire le beau bouquet.

Les politiciens sont inquiets après les promesses d'Edouard VIII

Le roi Edouard rencontre des écoliers de Dynas pendant sa tournée des régions sinistrées au sud du pays de Galles.

Pays de Galles, 19 novembre 1936
Ce soir, Edouard VIII termine sa visite des régions les plus pauvres du pays de Galles. Il est choqué par l'ampleur du chômage qui frappe les vallées minières. « Quelque chose doit être fait afin de leur trouver du travail », a-t-il déclaré à un officiel. Il a été acclamé pendant les deux jours de sa visite ; il était visiblement ému par la chaleur de l'accueil d'un peuple privé de tout. Au milieu des vestiges de l'aciérie désaffectée de Dowlais d'où sortait jadis le meilleur acier de l'Empire britannique, des centaines d'hommes l'ont accueilli par un vieil hymne gallois. Il a tenu à parler à ces chômeurs. Face à ces hommes manquant de nourriture, bien trop pauvres pour habiller leurs familles et sans espoir de travail, le roi a su s'y prendre, tout comme avec les soldats pendant la guerre, les apaiser. A Pontypool, il a lancé à la foule : « Vous avez ma parole que tout ce que je pourrai faire pour vous aider, je le ferai. » Plus tard, à Blaenavon, en Gwent, il a ajouté : « Quelque chose sera fait à propos du chômage. » Il a été un roi très différent de celui qui s'ennuyait aux réceptions ou ne pensait qu'à son plaisir à bord du *Nahlin*. Le peuple lui a témoigné son enthousiasme. Des mineurs, noirs de poussière de charbon, sortaient en courant de la mine pour l'accueillir. Cependant, sa sincérité et sa détermination à s'engager dans la lutte pour l'emploi risquent de lui valoir des ennuis car la majorité au pouvoir interprète ses déclarations comme des critiques dirigées contre le gouvernement et un engagement politique au-delà de ses pouvoirs constitutionnels. Des observateurs croient que cet intérêt pour la classe ouvrière ne durera pas quand il sera de retour à Londres, à nouveau auprès de Mme Simpson. D'autres craignent que le refus du Premier ministre, Stanley Baldwin, de rencontrer les manifestants de Jarrow contre le chômage ne serve de prétexte au roi pour lancer un appel au peuple et l'associer à une confrontation avec le gouvernement au sujet de Mme Simpson.

Le roi passe en revue des membres de la Légion britannique à Pontypool.

Elizabeth inquiète pour l'avenir

Londres, 2 décembre 1936
A mesure que les jours passent, la crise constitutionnelle devient de plus en plus sérieuse. La duchesse de York se fait à l'idée que sa paisible vie de famille touche à sa fin. Sans aucun doute, son mari et ses enfants vont avoir à remplir des rôles pour lesquels ils ne sont ni préparés ni volontaires. Si Edouard VIII vient à renoncer au trône, ils deviendront roi et reine, et la princesse Elizabeth sera l'héritière en titre. C'est une perspective effrayante qui ne fait qu'augmenter la pression sur son mari. Pour le moment, le roi refuse de le rencontrer et ne répond pas à ses appels. La duchesse en veut à Edouard pour la manière dont il traite son mari. Sa volonté farouche prend le dessus. Elle est implacable envers cette Mme Simpson qui a osé la surnommer « Cookie ». Ceux qui partagent les opinions du roi sont devenus ses ennemis. Parmi ces derniers, on retrouve des hommes puissants tels que Winston Churchill ou Lord Beaverbrook. Ils tentent de maintenir Edouard sur le trône et lui suggèrent un mariage morganatique avec Mme Simpson. Mais ils œuvrent à contre-courant et il paraît de plus en plus certain que « Cookie » sera bientôt reine d'Angleterre.

En paix au château de Glamis.

Mme Simpson se réfugie en France

Après des mois de rumeurs et de dissimulation, la crise constitutionnelle risque d'obliger le roi Edouard VIII à abdiquer.

Londres, 3 décembre 1936
Ce n'est que ce matin que le peuple britannique a appris ce que le reste du monde sait déjà depuis des mois : son roi est éperdument amoureux d'une Américaine qui est divorcée deux fois. Elle se nomme Mme Wallis Simpson. En plus, Edouard VIII est prêt à abdiquer s'il ne peut l'épouser en toute légalité. Bâillonnée par les Lords Beaverbrook et Rothermere, la presse ne peut garder le silence plus longtemps. L'orage a éclaté et Mme Simpson s'est réfugiée en France. La tragédie était devenue inéluctable le 27 octobre lorsque Mme Simpson intenta une procédure de divorce à Ipswich. Aux USA, on lisait à la une des quotidiens des gros titres tels que : « La nana du roi », « Divorce à la Reno dans sa ville natale de Wolsey ». La veille de sa visite au pays de Galles, le lundi 16 novembre, Edouard VIII annonça à sa famille et au Premier ministre Stanley Baldwin son intention de se marier avec Mme Simpson dès que son divorce serait prononcé, ajoutant qu'il préférait abdiquer plutôt que de renoncer à celle qu'il aimait. Il convoqua le Premier ministre au palais de Buckingham pour lui faire part de son intention, et Baldwin lui fit comprendre que sa décision était grave car ni le Commonwealth ni le pays n'étaient prêts à accepter un tel mariage. Le roi en parla ensuite à sa mère et à sa sœur. La reine Mary l'exhorta en vain à placer ses obligations envers le pays avant ses désirs personnels. Elle refusa lorsqu'il lui demanda de recevoir Mme Simpson. Le 27 novembre, Stanley Baldwin annonçait au Cabinet son intention de demander aux gouverneurs des territoires de l'Empire leur opinion sur la crise constitutionnelle. Mais ce fut l'évêque de Bradford qui, au cours d'un sermon, lança le scandale en déclarant que le roi Edouard VIII devait s'intéresser davantage à son devoir de chrétien. La presse parle sur un ton critique, au désespoir du roi qui espère le soutien du peuple.

Les amoureux : Wallis et Edouard.

Edouard couvre Wallis de bijoux.

▷

Edouard VIII a abdiqué ! Il explique au peuple

Londres, 10 décembre 1936
Le roi, résolu à épouser Madame Simpson contre l'avis des membres du gouvernement, de l'Eglise et des gouverneurs des territoires de l'Empire, a choisi aujourd'hui la seule voie qui lui restait : il a abdiqué et il quitte ce trône auquel il avait accédé à la mort de son père, le 20 janvier dernier. Il aura été roi d'Angleterre moins d'un an. L'affaire a connu ce matin son point le plus dramatique. A Buckingham, Edouard VIII a dû signer l'*Instrument of Abdication*, un texte long de deux paragraphes dans lesquels il déclare son irrévocable résolution de renoncer au trône, pour lui et pour ses descendants. Le Premier ministre a apporté le décret à la Chambre des Communes où le speaker l'a lu, d'une voix très grave, devant les députés. Le speaker leur a ensuite lu le dernier message du roi dans lequel il déclare : « Le fardeau qui pèse chaque jour sur les épaules d'un souverain est tel qu'il ne peut être supporté dans les circonstances qui sont les miennes. Je suis conscient que je ne peux m'acquitter de cette charge pesante avec efficacité, à ma satisfaction personnelle. » Peu après la lecture du message, Stanley Baldwin s'est levé pour proposer un moment de réflexion. « Notre Parlement n'a jamais reçu de message aussi grave et délicat. Je dois vous avouer qu'aucun Premier ministre n'a eu à faire face à une mission aussi désagréable. » Cependant, Edouard VIII n'était pas sans admirateurs. Il reste très populaire et une foule s'est même rassemblée à Downing Street. Elle brandit des pancartes qui disent : « Puisse Dieu sauver notre roi de Baldwin ! » ou « Nous voulons le roi Edouard ! ». Lord Beaverbrook a désespérément cherché un moyen pour garder le roi sur le trône mais, à la fin, même lui a dû renoncer en confiant à son ami Churchill : « Notre coq refuse de se battre. » En réalité, ils sont inquiets quant aux aptitudes du duc de York à remplir ses fonctions royales. Ils sont allés jusqu'à suggérer d'en faire un laissé-pour-compte et de placer la couronne directement sur la tête de son cadet, le robuste duc de Kent. Mais ce dernier a touché à la drogue et des rumeurs courent au sujet de ses préférences sexuelles. On y a vite renoncé. Ce qui plaide en faveur du duc de York, c'est que sa femme est parfaite dans le rôle d'épouse du roi et ce malgré quelques remarques moqueuses à son sujet qui circulent dans le grand monde. Quand le roi a annoncé à son frère son intention d'abdiquer, il y a trois jours, Bertie s'est effondré en larmes. De retour chez lui, il a trouvé Elizabeth qui, souffrante, n'a pas pu l'aider comme elle le souhaitait.

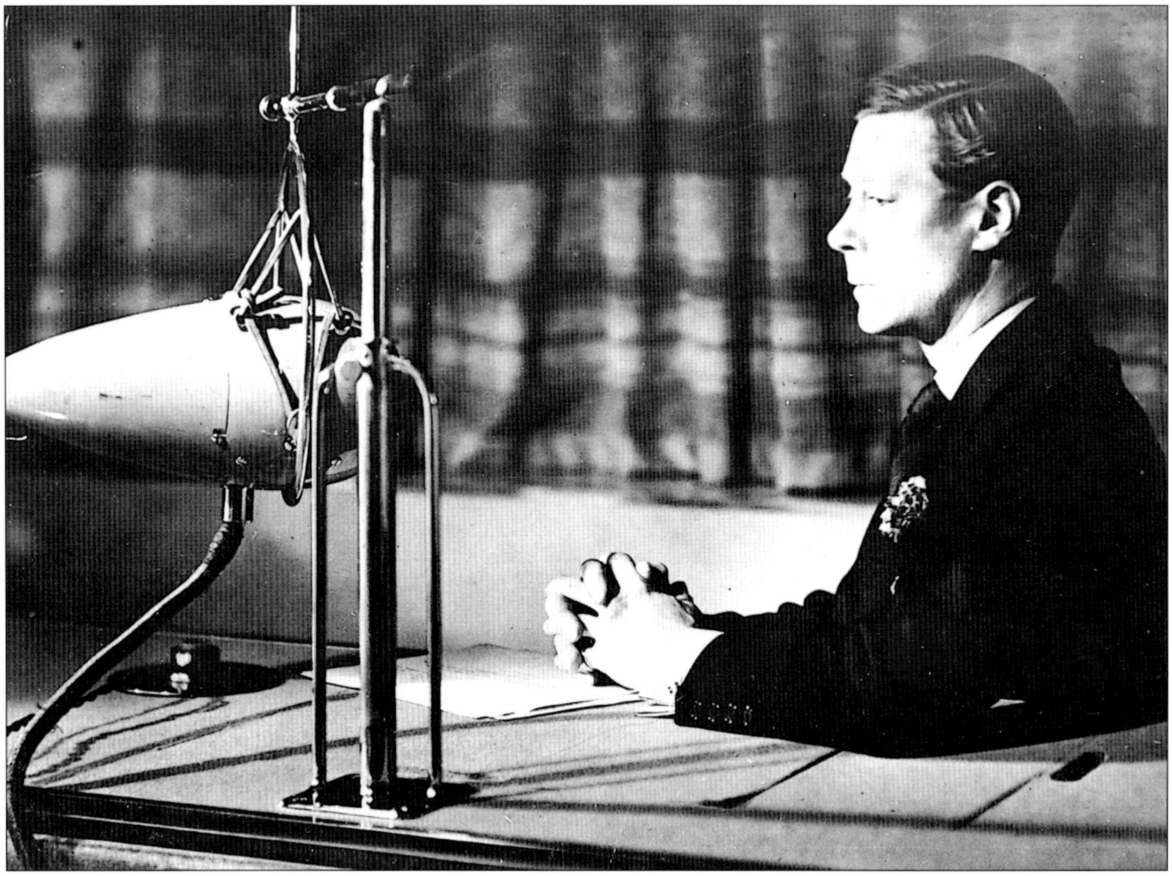

Le roi Edouard prononce son discours d'abdication au château de Windsor avant de rejoindre Mme Simpson à l'étranger.

Stanley Baldwin quitte le 10, Downing Street pour se rendre au Parlement.

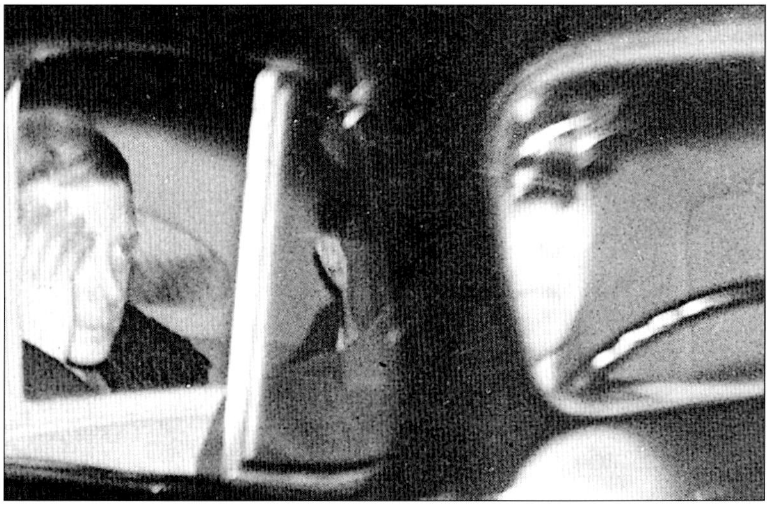

Edouard quitte son château. Il est redevenu tout simplement duc de Windsor.

qu'il ne peut vivre sans la femme qu'il aime

Un fidèle sujet d'Edouard VIII ...

...parcourt les rues de la ville.

Le duc de Kent : certains y pensent.

Des femmes témoignent de leur affection pour l'ex-roi amoureux.

Winston Churchill fait partie du Conseil qui proclame Bertie roi.

Londres, 12 décembre 1936
L'ex-roi Edouard VIII, maintenant duc de Windsor, est parti ce matin en exil à bord du destroyer HMS *Fury*. Hier, présenté par Sir John Reith comme « Sa Royale Majesté le prince Edouard », il a expliqué à la nation, dans une très émouvante déclaration à la BBC, le motif de son abdication : « J'essaye de servir de mon mieux depuis vingt-cinq ans, mais il faut me croire quand je dis que le fardeau des responsabilités et l'exercice des fonctions royales sont impossibles à supporter sans l'aide et le soutien de la femme que j'aime... Puisse Dieu vous bénir tous. Vive le roi ! » Ensuite, il a fait serment d'allégeance au nouveau roi et a reconnu l'importance pour son frère de l'équilibre et de la force que lui donne Elizabeth : « Il a un bien inestimable dont beaucoup d'entre vous jouissent aussi, mais auquel je n'ai pas encore eu droit – une vie de famille heureuse avec une femme et des enfants. » Après la diffusion, il a bu un whisky avant de se rendre chez les York, où il était déjà allé dîner avant de faire son allocution. Toute la famille l'attendait pour lui faire ses adieux. La princesse royale a pleuré, la reine mère est restée aussi impériale que d'habitude et ses frères, désemparés, discutaient de tout sauf de son départ. Finalement, tard dans la nuit, il a fait ses adieux en inclinant respectueusement la tête devant son nouveau roi. Après être monté dans sa Daimler, il a disparu dans la nuit. Il a décidé d'attendre en Autriche le divorce de Mme Simpson, qui séjourne chez des amis à Cannes, afin qu'ils soient libres de se marier. Le roi et la reine, précédemment duc et duchesse de York, ont de la peine à réaliser leur nouvelle situation. La reine, toujours en convalescence d'une grippe, a écrit à l'archevêque de Canterbury : « Il m'est difficile de croire que l'on nous ait appelés à accomplir cette tâche importante, et pourtant, chose étrange, nous n'en avons pas peur. Je sens que Dieu nous donnera la force de faire face à la situation. » Au déjeuner, Bertie demanda à Elizabeth : « Quand j'ai quelqu'un au bout du fil, comment dois-je me présenter ? » La question était résolue quelques heures plus tard par l'*Accession Council*, réuni en fin de journée au palais St James. L'assemblée proclamait le duc de York roi de Grande-Bretagne et d'Irlande ; il régnera sous le nom de George VI. Le roi prêta le serment royal et déclara au Conseil : « Avec ma femme et compagne à mes côtés, j'ai une lourde tâche devant moi. » Elizabeth devient la première reine de ce nom depuis Elizabeth Tudor (1588 à 1603). Elle est la première reine écossaise depuis Marie Stuart, exécutée en l'an 1587 sur l'ordre d'Elizabeth Ire. Assez curieusement, le soutien du peuple pour l'ex-roi Edouard VIII a disparu depuis son départ. La peuple britannique croit encore aux valeurs de la morale et de la vie de famille. ▷

La guerre civile fait rage en Espagne

Madrid, 20 décembre 1936
La guerre civile espagnole a des répercussions partout dans le monde. Des idéalistes de divers pays, voyant en cette guerre la première épreuve de force entre le fascisme et le communisme, commencent à arriver sur les champs de bataille en Espagne. La plupart d'entre eux rejoignent la brigade internationale qui est engagée pour la défense républicaine de Madrid contre l'armée nationaliste de Francisco Franco. Cette brigade, bien qu'organisée par des communistes, n'en est pas moins sérieusement constituée, avec des jeunes de tout milieu qui s'opposent au fascisme. Dans le camp adverse, d'autres jeunes sont convaincus qu'il faut, à tout prix, empêcher le communisme de se propager. Derrière tous ces idéalismes se cachent les grandes puissances. L'URSS soutient les républicains pendant que l'Italie et l'Allemagne envoient hommes et matériel à Franco. Cette guerre ressemble à la répétition d'un conflit mondial.

1939 - 1940

1er décembre 1939. Adolf Eichmann dirige la déportation massive des Juifs des territoires occupés par les Allemands.

4 décembre 1939. George VI rend visite aux unités de l'armée britannique basées en France.

6 décembre 1939. La Grande-Bretagne accepte d'envoyer des armes à la Finlande.

12 décembre 1939. Mort à l'âge de 56 ans de Douglas Fairbanks.

17 décembre 1939. Réfugié à Montevideo après un rude engagement naval avec des unités britanniques, le cuirassé allemand *Graf Spee* se saborde.

31 décembre 1939. La chanson de l'année est : *« On étendra notre linge sur la ligne Siegfried »*.

3 janvier 1940. Unity Mitford, fille de Lord Resdale et amie d'Hitler, revient d'Allemagne où elle a tenté de se suicider.

17 janvier 1940. Une vague de froid envahit l'Europe. Pour la première fois depuis 1888, la Tamise est gelée.

29 janvier 1940. La femme de Laurence Olivier, Jill Esmond, obtient le divorce.

11 février 1940. Mort de John Buchan (Lord Tweedsmuir). Il était l'auteur des *Trente-Neuf Marches* et gouverneur général du Canada.

17 février 1940. L'équipage du HMS *Cossack* libère trois cents prisonniers britanniques à bord du navire allemand *Altmark*.

1er mars 1940. Vivien Leigh reçoit un Oscar pour le rôle de Scarlett O'Hara dans *Autant en emporte le vent*.

7 mars 1940. Le *Queen Elizabeth* effectue en secret sa première traversée de l'Atlantique vers New York.

13 mars 1940. La Finlande est obligée de négocier la paix avec l'URSS.

27 mars 1940. Himmler fait construire un camp de concentration à Auschwitz.

9 avril 1940. Hitler envahit le Danemark et la Norvège.

6 mai 1940. John Steinbeck remporte le prix Pulitzer pour *Les Raisins de la colère*.

10 mai 1940. La Hollande et la Belgique sont envahies par les troupes allemandes. Les bombardements précèdent les parachutistes et les blindés.

31 mai 1940. Le chef des fascistes britanniques, Sir Oswald Mosley, est interné conformément à l'article 18B de la loi sur la sécurité.

George VI jure de garder l'uniforme

Le roi à sa table de travail.

Toujours en uniforme d'amiral, en compagnie de la reine Elizabeth.

Sandringham, 25 décembre 1939
Le roi a profité de son allocution de Noël pour rallier la nation à l'effort de guerre. La cause défendue par les Alliés n'est pas moins que la survie de la civilisation chrétienne. Il a tenu à faire cette émission en portant son uniforme d'amiral à cinq étoiles. Il a en effet prêté serment de rester en uniforme jusqu'à la fin de la guerre. La reine, pour sa part, convaincue que les uniformes ne lui siéent pas, a décidé de ne pas en porter. A part de rares apparitions où elle est habillée en éclaireuse, elle porte des toilettes accompagnées de chapeaux assortis. Elle déclare souvent : « Quand les gens viennent pour me rencontrer, ils s'endimanchent. Je ne fais tout simplement que la même chose pour eux et cela est naturel. »

Fin tragique pour un corsaire et belle victoire de la Royal Navy

Londres, 23 février 1940
Alors que les troupes françaises et britanniques sont enlisées dans une drôle de guerre, une tragédie navale se déroule en Amérique du Sud. Elle passionne autant les Anglais que les Français qui la suivent à travers les reportages de la radio.
Le mercredi 13 décembre, au large de Montevideo, les croiseurs anglais HMS *Exeter* et *Ajax*, accompagnés de l'*Achilles*, croiseur néo-zélandais, ont repéré le *Graf Spee*, cuirassé de poche allemand. C'est un corsaire qui a déjà de nombreux cargos à son palmarès. Le capitaine allemand, Hans Langsdorff, engage le combat à 6 h 14 du matin.
HMS *Exeter* et *Ajax* sont touchés mais le *Graf Spee* est endommagé. Après trois jours de refuge au port de Montevideo, le cuirassé allemand doit ressortir. Son capitaine choisira de saborder le bâtiment plutôt que de reprendre un combat inégal. Il s'est ensuite suicidé. HMS *Exeter* est rentré à Plymouth où Winston Churchill l'a accueilli. Ce matin, le roi et la reine ont rencontré les veuves et les enfants des victimes.

Churchill à bord de l'« Exeter ».

Le couple royal avec les familles des victimes de l'« Ajax » et de l'« Exeter ».

Les panzers d'Hitler foncent à travers la Belgique

Paris, 16 mai 1940
Les Alliés chancellent sous les coups des panzers d'Hitler. Le Danemark est déjà occupé ; la Norvège est tombée. Belges et Hollandais ont été balayés et la panique se répand face à la déroute des forces alliées. Les autorités brûlent les archives et Paul Reynaud, le président du Conseil, supplie Winston Churchill, devenu chef du gouvernement britannique, d'envoyer davantage d'escadrilles d'avions de chasse. Il lui avoue que « la route qui mène les Allemands à Paris est ouverte » et que, pour la France, « la bataille est perdue ». Churchill est arrivé à Paris cet après-midi afin d'évaluer la situation et de remonter le moral de ses voisins. Il est consterné par le défaitisme qui s'est emparé des Français en dépit des efforts et de la bravoure de leurs divisions blindées pour arrêter les Allemands. Le commandant de ces divisions blindées est le colonel Charles de Gaulle. Reconnaissant la gravité de la situation, Churchill a demandé au Cabinet britannique d'approuver l'envoi de plus d'avions de combat en France et cela, malgré les risques pour l'Angleterre. « Ce serait mal vu historiquement, a-t-il câblé, si les requêtes des Français étaient refusées et si leur débacle devait en résulter. » Dans une autre dépêche au Président Roosevelt, il déclare : « Les petits pays ont été écrasés, les uns après les autres, comme des bois d'allumettes. La Grande-Bretagne doit s'attendre à faire face à des attaques aériennes dans un proche avenir. Les attaques par troupes parachutées trouveront une Angleterre prête à y faire face. » Le désastre en Europe a déjà touché Buckingham, devenu foyer d'accueil pour réfugiés royaux. La princesse Juliana de Hollande est arrivée avec ses enfants peu avant le roi Haakon, accompagné du prince héritier Olav de Norvège. Quant à George VI, il s'apprête à faire face dignement aux envahisseurs allemands.

La princesse Juliana de Hollande et sa famille se sont réfugiés à Londres.

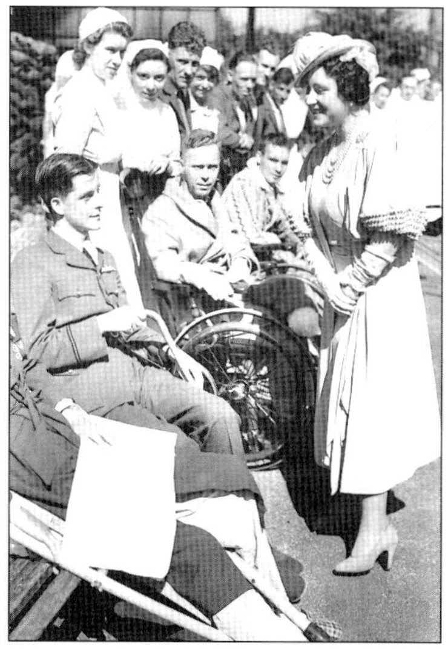

Un sourire pour un blessé de guerre.

Le rationnement, gêne au quotidien

Londres, avril 1940
Pour la première fois depuis 1918, il faut imposer le rationnement à la nation. L'approvisionnement fait défaut suite aux nombreux cargos coulés par les Allemands. La carte de ravitaillement permet d'acheter du beurre, du lard et du jambon. Chaque personne a droit à la même quantité par semaine, soit : 114 g de beurre et 340 g de sucre, 114 g de lard ou de jambon cru et 100 g de lard ou de jambon cuit. Les cartes de ravitaillement ne sont pas exigées dans les restaurants ou les cantines mais elles le sont dans les hôtels. Le rationnement de la viande est prévu pour le mois prochain, sur une base de valeur plutôt que de poids. Les abats, la volaille, le poisson, le lapin et le gibier ne sont pas touchés pour l'instant, ni le pâté, les saucisses et les tourtes. Le ministère chargé de l'alimentation veut que ce plan, qui exige l'enregistrement de chaque maison auprès de magasins locaux, assure une meilleure répartition des vivres pour la population.

Le vieux guerrier Churchill s'est installé au 10, Downing Street

Winston Churchill remplace Neville Chamberlain qui a démissionné.

Londres, 10 mai 1940
Suite aux déroutes militaires, le roi George VI a accepté à contrecœur la démission de son Premier ministre Neville Chamberlain. Le roi et la reine regrettent de le voir quitter ses fonctions. Pour eux, c'est un ami et un bon chef de gouvernement qui a su comment gagner du temps pour le pays avec l'accord de Munich. Le roi était favorable à sa politique d'apaisement car, comme tant de ses sujets, il se souvient des horreurs de la Grande Guerre. Avec la reine, il lui a écrit une longue lettre pour le remercier de son soutien pendant ces dernières années désespérantes. Son départ devenu inéluctable, le roi et la reine auraient préféré que Lord Halifax, un autre homme favorable à la politique d'apaisement, prenne sa place. Ils ont été dans l'obligation d'accepter Winston Churchill. Ils lui reprochent non seulement d'être un aventurier, douteux en politique, mais aussi d'avoir soutenu le duc de Windsor au moment de la crise et de son abdication. Le Parlement est souverain : Churchill est son choix, le roi le respectera. ▷

1940 - 1942

14 juin 1940. Les Allemands défilent à Paris.

17 juin 1940. Le *Lancastria* est coulé par un sous-marin allemand. Deux mille huit cents personnes étaient à bord.

9 juillet 1940. Le duc de Windsor devient gouverneur général des Bahamas.

23 juillet 1940. A Londres, le gouvernement décide de taxer les produits de luxe.

20 août 1940. Churchill fait l'éloge des pilotes de la RAF.

20 août 1940. Un agent de Staline assassine Léon Trotski à Mexico.

24 septembre 1940. George VI crée la *George Cross* et la *George Medal*. Ces médailles récompenseront la vaillance et le courage.

21 octobre 1940. Ernest Hemingway publie *Pour qui sonne le glas*.

5 novembre 1940. Roosevelt est réélu Président des Etats-Unis pour la troisième fois.

9 novembre 1940. Hanté par le spectre de Munich, Neville Chamberlain s'éteint à 71 ans.

5 janvier 1941. Amy Johnson, célèbre femme pilote, se noie après un amerrissage dans l'estuaire de la Tamise.

12 février 1941. A Oxford, un policier atteint de septicémie est guéri par un nouveau médicament, la pénicilline.

10 mai 1941. L'adjoint d'Hitler, Rudolf Hess, arrive en Ecosse, seul à bord d'un Messerschmitt. Il serait venu en mission.

20 mai 1941. Après l'invasion de la Grèce, début de la conquête de la Crète par les parachutistes allemands.

24 mai 1941. Le HMS *Hood* est coulé par le *Bismarck*. Mille quatre cents hommes périssent. Trois jours plus tard, le cuirassé allemand est coulé à son tour.

4 juin 1941. A Doorn (Pays-Bas), mort de Guillaume II, ancien empereur d'Allemagne.

22 juin 1941. Début de l'opération *Barberousse*. L'Allemagne attaque l'URSS.

14 août 1941. Churchill et Roosevelt signent la charte de l'Atlantique.

19 août 1942. L'opération de débarquement alliée à Dieppe est un échec qui entraîne de lourdes pertes.

30 octobre 1942. Montgomery bat Rommel à El Alamein.

26 novembre 1942. La VIe armée allemande est piégée aux portes de Stalingrad.

Encerclés sur les plages françaises

Tout ce qui flotte part à Dunkerque

Douvres, 4 juin 1940
Le piège de Dunkerque se termine par un miracle. L'armée britannique ainsi que des milliers de soldats français et belges ont été récupérés des plages françaises par une flotille hétéroclite. L'opération Dynamo a réussi. Les derniers sont arrivés cette nuit à bord de destroyers, de ferries, de chalutiers, de bateaux à aubes. Les bateaux privés avaient aussi été réquisitionnés. Accueillis par des *Union Jack* et des tasses de thé chaud, tous les rescapés ont été acheminés vers différents centres où leur entraînement reprendra après une période de repos. Si l'opération de Dunkerque est présentée comme une victoire, personne n'est dupe de la gravité de la situation. La plus grosse partie du matériel lourd est perdue. La RAF et la Royal Navy ont subi d'importantes pertes et, à moins de convaincre la France de continuer à se battre, il n'y a plus grand-chose qui puisse arrêter les Allemands si jamais ils traversent la Manche. Très curieusement, malgré ce danger, le moral des Britanniques est au plus haut.

En neuf jours, plus de 340 000 hommes seront évacués de Dunkerque.

La France victime de la guerre éclair

Paris, 16 juin 1940
Paris est tombé, le gouvernement est en fuite, la croix gammée flotte au-dessus de la tour Eiffel. Les armées françaises se sont effondrées face à l'attaque des Allemands. Dans une dernière tentative pour poursuivre la lutte, Churchill avait tenté de promouvoir l'idée d'une seule et unique nation franco-britannique avec citoyenneté commune afin de résister à « une politique qui réduit les hommes au destin de robots et d'esclaves ». Ce projet étant resté sans réponse, le gouvernement et les Britanniques sont démoralisés. Il est évident que la Grande-Bretagne se trouve seule face à l'Allemagne. Churchill a fait appel aux Etats-Unis. Il espère qu'ils apporteront leur aide matérielle, car « c'est de cette façon que nous vaincrons ».

La reine Elizabeth ne partira pas

Londres, 20 juin 1940
Avec l'armée allemande massée de l'autre côté de la Manche, beaucoup de familles britanniques, surtout celles de la bourgeoisie, envoient leurs enfants loin du danger aux Etats-Unis. Lorsqu'il fut suggéré à la reine d'envoyer les deux princesses au Canada, elle s'est indignée : « Les enfants ne partiront pas sans moi, je ne partirai pas sans le roi, et le roi ne partira jamais. » La famille royale est sous la protection d'une unité spéciale de l'armée qui a reçu l'ordre de les amener en lieu sûr dans le cas où les Allemands débarqueraient. Mais le roi et la reine s'apprêtent à défendre l'Angleterre. Tous les jours ils s'entraînent au tir dans le parc de Buckingham. Elizabeth a même son revolver préféré. C'est un cadeau de Winston Churchill.

La bataille est dans le ciel d'Angleterre

Londres, 20 août 1940
Ce soir, le Premier ministre Winston Churchill rend hommage aux pilotes de la RAF qui combattent avec un courage extraordinaire dans le ciel d'Angleterre. « Jamais autant de gens n'ont été redevables à aussi peu. » Ces jeunes pilotes, largement dépassés en nombre, s'attaquent aux avions allemands. La Luftwaffe n'a jamais imaginé rencontrer une telle résistance. Ce groupe de pilotes symbolise l'esprit de résistance qui s'est emparé de la Grande-Bretagne. Le roi et la reine sont résolus à se battre jusqu'à la fin. George VI a balayé l'offre du roi Gustave de Suède. Ce dernier se proposait en tant que médiateur pour examiner avec Hitler une possibilité de paix. En ces journées d'été, le spectacle au sud de l'Angleterre est dans le ciel.

Des chapelets de bombes sur la Grande-Bretagne

Inspection des dégâts au palais de Buckingham après une attaque aérienne.

La visite du couple royal aux quartiers sinistrés est un grand réconfort.

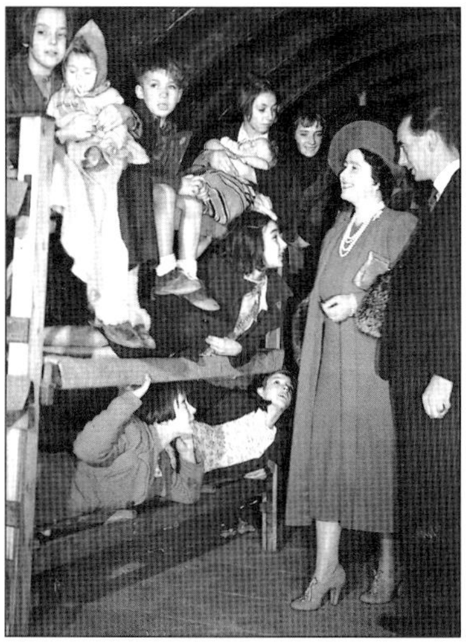

En sécurité dans l'abri anti-aérien.

Londres, 13 septembre 1940
Un bombardier allemand a survolé le Mall à très basse altitude ce matin. Il est allé larguer ses bombes sur le palais de Buckingham. Assis dans le salon, le roi et la reine ont vu les bombes tomber. Quelques instants plus tard, ils étaient recouverts d'éclats de verre; ils ont échappé de justesse à la mort. Après avoir constaté le spectacle de sa chapelle en ruine, la reine a dit : « Je suis presque contente de cette attaque. Cette fois, je peux regarder les gens de l'East End de Londres en face. » Le couple royal se déplace chaque jour dans les quartiers touchés par les attaques aériennes. Le roi et la reine y réconfortent ceux dont les maisons sont en ruine et, lorsque les sirènes se remettent à hurler, ils se précipitent dans les abris avec eux. L'East End admire Elizabeth. Une jeune fille la regardait aider une maman, blessée au bras, habiller son bébé. Elle s'est écriée : « Ah, elle est bougrement merveilleuse ! » Plus la Luftwaffe intensifie ses raids sur Londres et sa banlieue, plus le roi et la reine voyagent pour apporter un peu de réconfort aux victimes. Ces malheureux sont souvent obligés de dormir dans les gares où des salles sont aménagées par les équipes de la protection civile. La conduite de la reine impressionne à ce point les Américains qu'ils ont décidé de la surnommer « ministre du Moral ».

Un bon dîner pour des sans-abri.

Dans une rue dévastée, la reine discute avec une équipe de secouristes.

Une femme parle avec une autre femme, dans une usine d'armement.

Les panzers foncent vers Moscou

Moscou, 22 juin 1941
Dès 4 h 15, dans une de ces attaques éclairs, les blindés franchissaient la frontière soviétique, pendant que la Luftwaffe rendait inutilisables les principaux aérodromes. L'invasion allemande a surpris Moscou, Staline ne peut pas imaginer que son allié, Hitler, puisse le trahir ainsi. Les cent divisions allemandes, finlandaises et roumaines, ont lancé une attaque du cercle polaire jusqu'à la mer Noire, écrasant l'armée Rouge qui n'était pas préparée à la guerre. Churchill, qui n'admire pas les bolcheviques, mais qui déteste les nazis, a réagi en promettant aux Soviétiques « toute aide technique ou économique en notre pouvoir ». Il a poursuivi son message à Staline : « L'Angleterre est résolue à détruire Hitler et tout vestige du régime nazi. Il n'est rien qui pourra nous détourner de notre but. Jamais nous n'accepterons de parlementer,... jamais. »

A 16 ans, la princesse Elizabeth entame ses fonctions officielles

Windsor, 25 avril 1942
C'est le seizième anniversaire de la princesse Elizabeth, qui marque son entrée officielle dans la vie publique en assistant au défilé des grenadiers. C'est un peu une affaire de famille ; la princesse est colonel du régiment et connaît plusieurs jeunes officiers qui sont invités à prendre le thé au château. Ils font ainsi découvrir aux princesses un monde masculin qui leur est inconnu. Elizabeth tient à fréquenter ces gentlemen et, suivant l'exemple de ses parents, faire aussi sa part du travail en assistant ceux qui sont fort éprouvés par la guerre. Ainsi que tous les autres jeunes de 16 ans, elle doit s'inscrire à la bourse locale du travail pour aider le pays. Dès son inscription, elle peut être appelée au travail dans une usine de munitions, ou faire partie du corps des infirmières. La princesse, qui a dit à son père : « Je dois faire ce que les autres filles de mon âge font », préfère être infirmière ou rejoindre celles de l'ATS (Auxiliary Territorial Service). La reine, qui se souvient avoir soigné des blessés pendant la première guerre, la comprend, mais elle n'en discutera pas avec le roi qui ne veut rien savoir. George VI pense que sa fille est bien trop jeune et, contrairement à sa femme, il ne peut pas accepter que Lilibet soit mêlée à cette guerre à l'extérieur du palais. C'est ainsi qu'Elizabeth, qui sera un jour reine d'Angleterre, se résout à obéir à son père.

Après le défilé, la princesse invite les officiers de la garde pour le thé.

Le Japon attaque Pearl Harbor

Pearl Harbor, 7 décembre 1941
Les Etats-Unis sont en guerre. Les avions japonais ont surpris ce matin une partie de la flotte américaine du Pacifique à Pearl Harbor. L'attaque sournoise a fait un grand nombre de victimes et anéanti de grosses unités. Ce devait être un dimanche matin tranquille. En un peu plus de deux heures, les avions japonais ont coulé ou endommagé cinq gros cuirassés, quatorze bâtiments, détruit deux mille avions et tué deux mille quatre cents personnes. D'autres attaques étaient dirigées contre des bases américaines dans les Philippines et sur les îles de Guam et de Wake. Les Japonais avancent en direction des îles britanniques, hollandaises et françaises. Tout le Pacifique est en flammes. La seule consolation pour les Etats-Unis est d'apprendre que leurs porte-avions n'étaient pas à Pearl Harbor quand le raid a eu lieu. Roosevelt parle d'un jour d'infamie. Si Churchill déplore le drame pour les Etats-Unis, il est convaincu que la Grande-Bretagne, si longtemps seule, ne peut plus perdre la guerre maintenant, car les Américains sont attirés dans ce conflit mondial.

En mission d'inspection pour le roi, le duc de Kent périt en Islande

Invergordon, 25 août 1942
Le duc de Kent était parti à bord d'un Sunderland inspecter des bases de la RAF en Islande. L'hydravion s'est écrasé au sommet d'une colline située dans la propriété du duc de Portland. Le duc de Kent, 39 ans, a été tué sur le coup. Le roi et la reine, en vacances à Balmoral, ont appris sa mort alors qu'ils dînaient avec le duc et la duchesse de Gloucester. Ils sont immédiatement repartis vers Londres. La disparition du frère du roi est particulièrement tragique car, après une période difficile, il était à nouveau heureux avec la princesse Marina. Ils avaient trois enfants : Edward, Alexandra et enfin le petit Michael qui a été baptisé il y a à peine trois semaines. Marina, qui a appris la fin tragique de son mari par la gouvernante de ses enfants, est effondrée. Elle s'était couchée de très bonne heure et a pressenti un désastre lorsqu'elle a entendu des pas s'approcher de sa chambre. Elle s'est écriée : « C'est George, n'est-ce pas ? » La mort du duc, le plus jeune et le plus cultivé des frères du roi, et dont on pensait jadis qu'il ferait un meilleur monarque que son frère, fait réaliser aux Britanniques que les risques existent pour chaque famille.

Le duc avec un aviateur polonais.

Une garde d'honneur de la RAF accompagne la dépouille du duc de Kent.

Mme Roosevelt goûte aux rations de guerre

Un maigre repas au Claridge.

Londres, novembre 1942
Eleanor Roosevelt est arrivée en Angleterre pour rendre visite aux troupes américaines, au nom de son mari. Elle a constaté à quel point la guerre a frappé la Grande-Bretagne. A Buckingham, sa chambre n'est éclairée que par une simple ampoule électrique et chauffée par un petit radiateur. Toutes les fenêtres ont été calfeutrées. Le dîner est composé de rations ordinaires, mais servi sur une assiette en or. Le roi insiste pour vivre comme ses concitoyens. Tout est bon pour réduire le chauffage. Dans un bain, personne n'a droit à plus de trente litres d'eau, à moins qu'elle ne soit froide.

La mère et ses filles, devant le seringa, au château de Windsor.

La famille royale a posé pour une série de photos officielles réalisées au château de Windsor et au palais de Buckingham. A gauche, la reine tient le rôle d'institutrice avec ses filles, dans le jardin de Windsor. A droite, en famille à Buckingham, touché par les bombes allemandes l'an dernier.

Les Canadiens au secours de l'Angleterre

La reine passe en revue les troupes bien entraînées de la division canadienne.

Londres, automne 1942
« Quelque part en Angleterre », la reine Elizabeth, qui a une affection particulière pour les Canadiens, qui l'avaient si bien accueillie lors de sa visite d'avant-guerre, a rencontré ceux qui sont venus apporter leur aide à la Grande-Bretagne. Ils sont anxieux de passer à l'attaque. Ils veulent se venger du revers qu'ils ont subi à Dieppe en août dernier. Ils sont arrivés par milliers. Avec les Australiens, les Indiens et les Néo-Zélandais basés au Moyen-Orient ou en Extrême-Orient, les régiments canadiens constitueront le troisième contingent après les Britanniques et les Américains quand l'instant sera venu de se lancer dans la libération de l'Europe.

La maison de la reine devient un hôpital

Hertfordshire, automne 1942
La reine a rendu visite à St Paul's, Walden Bury, la seconde résidence de sa famille. Cette demeure a été aménagée en lieu de convalescence pour les blessés. Elle a traversé les pièces qu'elle connaît bien, bavardé avec les soldats comme elle avait appris à le faire à Glamis pendant la dernière guerre et s'est jointe aux jeunes autour de la table de billard. Elle s'est assise dans un fauteuil, près de la porte arrière, pour faire prendre une photo d'elle avec les patients et les infirmières. Tout était si différent du jour où, en ce même endroit, « Bertie » l'a demandée en mariage. C'était dans le jardin !

La reine revient au château où le futur George VI l'a demandée en mariage.

1943 - 1944

31 janvier 1943. La VIe armée allemande capitule à Stalingrad.

6 février 1943. Errol Flynn est innocenté de trois viols dont il était accusé.

28 mars 1943. Sergueï Rachmaninov, compositeur et pianiste, meurt à Beverly Hills. Il avait 69 ans.

26 avril 1943. Les Allemands découvrent à Katyn un charnier de 4 000 officiers polonais.

1er juin 1943. Les Allemands abattent au-dessus du golfe de Gascogne l'avion à bord duquel se trouvait Leslie Howard, comédien et réalisateur de cinéma américain.

4 juillet 1943. Le Premier ministre polonais en exil, Wladislaw Sikorski, est tué dans un accident d'avion à Gibraltar.

25 août 1943. Lord Mountbatten est nommé commandant en chef des forces alliées dans le Sud-Est asiatique.

8 septembre 1943. L'Italie capitule.

28 octobre 1943. La Cour d'Appel de Londres dit que l'argent économisé par le ménage appartient au mari.

24 décembre 1943. Le général américain Eisenhower est nommé commandant en chef des forces qui débarqueront en France.

19 janvier 1944. Les Allemands lèvent le siège de Leningrad.

24 mars 1944. Le héros de Chindit, le général Orde Wingate se tue dans un accident d'avion.

30 avril 1944. La 1ere des 500 000 maisons préfabriquées est érigée à Londres.

4 juin 1944. Rome est libérée par les Alliés.

6 juin 1944. Jour J : les Alliés débarquent sur les plages normandes. Malgré un grand nombre de victimes, les troupes, appuyées par les forces aériennes, réussissent à établir des têtes de pont.

16 juin 1944. George VI arrive en Normandie et visite plusieurs unités alliées.

23 juin 1944. L'Allemagne lance les premiers V 1 vers Londres.

20 juillet 1944. Hitler échappe à un attentat à la bombe organisé par des officiers.

25 août 1944. Paris est libéré.

16 décembre 1944. Rien n'explique la mystérieuse disparition au-dessus de la Manche de Glenn Miller, chef d'orchestre américain.

George VI et les « rats » du désert

Afrique du Nord, 20 juin 1943
C'est une île de Malte dévastée par les raids allemands que George VI a découverte en arrivant à bord du « General Lyon », un bombardier Lancaster spécialement aménagé par Churchill. Le roi était à 90 kms des bases allemandes de Sicile. Cette étape fait partie de sa tournée au Moyen-Orient où il visite les troupes alliées qui se préparent à attaquer l'Italie. Alors que son déplacement était gardé secret, il a été très vite reconnu en Tunisie par les « rats » du désert. Il a été acclamé par ces hommes dont il partageait la vie pour quelques brefs instants, sous la chaleur de l'été d'Afrique du Nord. A Alger, il a rendu visite aux troupes américaines et Harold MacMillan, ministre résident chargé des forces alliées, a déclaré : « Les Américains étaient ravis, des lettres relatant sa visite parviendront dans les régions les plus lointaines des Etats-Unis ». George VI a débattu de la situation avec Montgomery et Eisenhower et, diplomatie oblige, il a déjeuné entre les deux grands rivaux français, les généraux de Gaulle et Giraud. Des troubles gastriques ont perturbé la fin de son voyage. Son humeur s'en est ressentie et, dans ces moments là, aucune personne n'est à l'abri de ses colères. Sans la présence de la reine pour le calmer, les généraux ont droit à ses sautes d'humeur aussi bien que son entourage.

Le roi déjeune avec le général américain George Patton et son état-major.

Le véhicule blindé du roi passe entre les chars Sherman en Afrique du Nord.

La reine se bat à l'arrière quand le roi voyage au Moyen-Orient

Londres, 20 juin 1943
La reine, comme tant d'autres femmes, attend, inquiète, pendant que son mari inspecte le front. Elle a confié ses craintes à la reine Mary, lorsque l'avion du roi a été détourné à cause du brouillard : « Je me suis imaginée toute sorte d'horreur ». Le roi l'avait nommée conseiller d'Etat avant de partir et elle remplit cette fonction de son mieux. Elle a décoré Guy Gibson, le pilote briseur des barrages de la Ruhr, de la croix de Victoria. Suivant le thème « Bêcher pour la victoire », elle surveille la ferme de 750 hectares, exploitée dans le grand parc de Windsor. Les céréales qui y sont produites sont une partie de la riposte aux sous-marins d'Hitler qui affament les Britanniques avec le blocus de l'île.

La reine et son métayer examinent la récolte d'orge à Sandringham.

Des ambulanciers américains à Londres

La reine passe en revue les chauffeurs d'ambulance américains au palais.

Londres, 22 juin 1943
Le service ambulancier américain a défilé au palais de Buckingham et a été inspecté par la reine, à l'occasion de son troisième anniversaire. Le service, financé par les Etats-Unis, et formé de volontaires américains, s'est constitué pendant la période des raids aériens. Il a accompli un travail merveilleux. C'est un bon exemple de l'aide, au niveau privé, apportée par les Etats-Unis, qui va des « ballots pour la G-B » jusqu'à l'escadrille des pilotes de « l'escadron des aigles ». Une grande partie de cette aide remonte à la visite, en 1939, du couple royal. Ils avaient gagné les cœurs américains.

Une amicale visite aux pilotes de l'USAAF

Ces jeunes garçons forment les équipages qui se sacrifient pour la liberté.

East Anglia, 17 août 1943
Le roi et la reine ont visité une base de l'US Army Air Force, « quelque part en Angleterre », pour exprimer leur respect et leur admiration aux équipages des Liberator et des B-17, forteresses volantes, qui, chaque jour, partent en mission au cœur de l'Allemagne. Les pertes en hommes sont terribles. L'Est de l'Angleterre est parsemé de pistes d'où décollent les formations de bombardiers qui mettent le cap sur leurs cibles par la route la plus courte. Ces bases sont des morceaux d'Amérique posés en Angleterre. La visite royale était une expérience toute nouvelle pour les pilotes et mécaniciens américains.

George VI est fasciné par les bombardiers

East Anglia, automne 1943
Certains ont à peine 18 ans. La reine est admirative de leur courage et de l'esprit qui règne parmi ces pilotes, mitrailleurs et mécaniciens. A la fin de chaque mission, le commandant de l'escadrille compte ceux qui se posent et ont réussi à revenir de l'enfer qui les attend au-dessus de l'Allemagne. La discipline a disparu dès l'arrivée du couple royal. Le roi et la reine se sont promenés parmi les équipages, se faisant raconter en détail le déroulement d'une mission. George VI avait appris à piloter, en 1919, dans un petit Avro 504K. Il est, aujourd'hui, impressionné par ces bombardiers quadrimoteurs.

Beaucoup de ces pilotes ont à peine l'âge de sa fille, la princesse Elizabeth.

Le père de la reine meurt à l'âge de 89 ans

Glamis, 7 novembre 1944
Le père de la reine, le comte de Strathmore, est mort. Il avait 89 ans. Après une cérémonie strictement privée, il reposera, au côté de son épouse, dans le caveau du château. La reine, très peinée, assistera aux funérailles. Claude Bowes Lyon, en dépit de ses nombreux titres, de ses terres et d'une grande fortune, était avant tout un père de famille qui a inculqué à ses enfants les notions du devoir et l'amour de la campagne. Il n'était heureux que lorsqu'il partait se promener sur les collines autour de Glamis. C'est cette éducation, et sa philosophie, héritée de sa mère, qui soutiennent la reine aujourd'hui.

Le comte de Strathmore. A 89 ans, cet homme poursuivait une vie active.

1945 - 1946

20 janvier 1945. Le Président Franklin Delano Roosevelt entame son 4ᵉ mandat.

12 février 1945. Réunis à Yalta, Churchill, Staline et Roosevelt décident de la répartition du monde après la victoire.

14 février 1945. Les bombardiers de la RAF et de l'USAAF ont détruit Dresde.

12 avril 1945. Le Président Franklin Roosevelt meurt d'une congestion cérébrale. Il avait 63 ans. Le Vice-Président Harry Truman lui succède.

30 avril 1945. Les camps de Belsen, Dachau et Buchenwald sont libérés. Churchilll dit de ces camps : « Aucun mot ne peut exprimer notre horreur. »

1er juin 1945. Victoire américaine à Okinawa. Les combats ont duré quatre-vingt-trois jours.

26 juillet 1945. Churchill perd les 1res élections législatives de l'après-guerre. Le travailliste Clement Attlee remporte une étonnante victoire.

6 août 1945. La première bombe atomique américaine explose sur Hiroshima. Le Japon déplore plus de 120 000 victimes.

9 août 1945. Une seconde bombe atomique américaine explose sur Nagasaki. Elle fait plus de 75 000 victimes.

30 janvier 1946. George VI prononce un discours à l'occasion de l'ouverture de l'assemblée générale des Nations unies à Londres.

25 février 1946. Sortie sur les écrans parisiens de *la Bataille du rail*, premier long métrage de René Clément.

5 mars 1946. Churchill est le premier à prononcer le terme « rideau de fer ».

1er mai 1946. Le scientifique Alan Nunn May est condamné à dix ans de prison. Il a livré des secrets nucléaires à l'URSS.

30 mai 1946. Le pain est rationné pour la 1re fois en Angleterre.

5 juin 1946. Premier Derby à Epsom depuis six ans. Il est remporté par *Airborne*.

22 juillet 1946. Des sionistes font sauter le quartier général britannique situé dans l'hôtel « King David » à Jérusalem.

16 octobre 1946. Dix responsables nazis sont exécutés à Nuremberg. Göring s'est empoisonné.

22 novembre 1946. Le Bic, qui peut écrire 200 000 mots sans être épuisé, est mis en vente.

La princesse Elizabeth a gagné : elle est devenue cadette à l'ATS

Camberley (Surrey), mars 1945
La carte rédigée au nom d'Elizabeth Windsor porte le numéro matricule 230873. La princesse Elisabeth, qui va avoir 19 ans bientôt, a finalement réussi à convaincre George VI de participer à la guerre. Elle a le grade de 2e subalterne à l'ATS (service de transport auxiliaire). Elle passe ses journées à aider les mécaniciens. Elle rentre le soir à Windsor mais redevient une simple jeune fille dès le matin. Elle apprend à lire une carte et à conduire en convoi. Les rapports la décrivent « très agréable, rapide, efficace et nette ». Elle a été frappée par les préparatifs qui ont précédé la visite de sa tante à son unité. Elle a confié à Crawfie : « On n'arrête pas d'astiquer, de l'huile de coude toute la journée. Maintenant, je me rends compte de ce qui doit se passer quand papa et maman vont quelque part. C'est une chose que je n'oublierai jamais. »

La nouvelle recrue révèle à sa mère les secrets d'un moteur de camion.

Le reine est inquiète pour la santé du roi que la guerre a minée

Berlin, 30 avril 1945
Hitler s'est suicidé dans les ruines de son bunker deux jours après que son allié italien Mussolini a été mitraillé par des partisans et pendu par les pieds, à côté de sa maîtresse, à la façade d'un garage sur la piazza Loretto, à Milan. La disparition de ces deux hommes, qui imaginaient régner sur le monde, représente les derniers moments de la guerre en Europe. L'Italie est tombée et les Alliés sont entrés en masse dans les ruines du Reich, qui devait durer « au moins mille ans ». Nulle part ailleurs, la fin des hostilités n'aura été reçue avec plus de soulagement qu'à Buckingham, endommagé neuf fois par les bombes et les V 1. Le roi, toujours en deuil de son frère, le duc de Kent, est devenu plus fatigué et plus grincheux au fur et à mesure que la guerre avançait. Sa fatigue est gravée sur son visage et il admet : « Je suis épuisé. » Il a à peine eu un jour de congé en plus de cinq ans. Il a mené d'exténuantes inspections des armées au Moyen-Orient et en France, peu après le jour J. Avec la reine, il a fait plus de 80 000 km en train, visitant les cités bombardées et remontant le moral du peuple. Ils se sont conduits en monarques, dans une période de grand danger, et la famille royale n'a jamais été aussi populaire. Mais, de santé fragile, il a payé chèrement ses efforts, et la reine craint pour sa santé. Elle, par contre, a bien supporté ce rythme infernal. Elle paraît infatigable et, quand on lui demande comment elle peut toujours sourire, elle répond : « Je ne sais pas comment ne pas sourire. » Il n'y a rien de faux dans cela. Seule une inquiétude perce, et lorsqu'elle est venue se promener parmi les *cockneys* durant le Blitz, ils ont tout de suite jugé qu'elle était « une brave femme ». Cependant, ce que le monde ignore, c'est qu'à part son travail public, la reine supporte un fardeau personnel, soutenant le roi et le ramenant au calme quand un de ses « grincements de dents » menace. En vérité, on doute que, malgré son courage, George VI ait pu surmonter cette guerre sans la précieuse présence de son épouse. C'est avec une grande justice que Churchill, que la reine considérait jadis comme un ennemi, maintenant devenu allié fidèle et dévoué, parle de « cette vaillante femme ».

Jonction des soldats américains et soviétiques parmi les ruines de Torgau.

Les foules se déchaînent pour célébrer la victoire

Londres, 8 mai 1945
La voiture de Winston Churchill a eu beaucoup de mal à se frayer un chemin dans la foule pour atteindre les grilles du palais de Buckingham. Le Premier ministre venait déjeuner avec la famille royale. Peu après, il prononçait à la radio l'allocution qui confirmait officiellement la fin des hostilités. Depuis le petit matin, la population de Londres, mélangée à des milliers d'hommes des unités des troupes alliées, remplit les rues pour célébrer la victoire. Cette foule s'est vite rassemblée devant Buckingham. Le palais laisse encore apparaître les dégâts infligés par les raids aériens ennemis et les fenêtres sont toujours calfeutrées. Il reste plus que jamais le symbole de la fierté britannique. A 15 heures, au moment du discours du Premier ministre, un silence total régnait sur la ville, en cette superbe après-midi de printemps. Bien que le Japon poursuive les hostilités en Asie, a dit Churchill, la guerre en Europe finira à minuit. Il a terminé en proclamant : « Que la cause de la liberté vive très longtemps ! Dieu protège le roi ! » On dansait et on chantait dans les rues. Autour de Buckingham, la foule criait : « Nous voulons le roi ! » La famille royale est apparue au balcon, se tenant par la main. Churchill s'est joint à eux. A la nuit tombante, les princesses, accompagnées des officiers de leur garde personnelle, ont pris un bain de foule. Elles ont aussi crié : « Nous voulons le roi ! » et ont transmis un message à leurs parents : « Venez, nous voulons que vous soyez aussi de ce côté. » Le roi et la reine ont obéi avec un grand plaisir...

La foule fera revenir huit fois la famille royale au balcon du palais de Buckingham, ici avec Winston Churchill.

George VI visite les îles Anglo-Normandes

Iles Anglo-Normandes, 7 juin 1945
George VI et la reine sont arrivés à bord du HMS *Jamaïca* pour visiter le seul territoire britannique qui ait été occupé par l'ennemi. Ils étaient des milliers, à Guernesey, à célébrer la libération et à accueillir le couple royal dans les Candle Gardens. Les habitants de Jersey, massés au port, agitaient des guirlandes de couleurs rouge, bleue et blanche. Ils ont suivi le roi et la reine qui avançaient vers le parlement de l'île. Ces deux îles, occupées pendant le conflit, ont subi le même traitement que les autres pays qui ont connu le régime nazi. « Après toutes ces souffrances, » a dit George VI, j'espère que l'île va bientôt retrouver une vie paisible et son ancienne gloire. »

La reine bavarde avec les habitants de Jersey, libérés de l'occupation nazie.

La bombe atomique fait céder le Japon

Tokyo, 15 août 1945
Le Japon a capitulé. Il est midi à Tokyo quand l'empereur Hiro-Hito s'adresse à son peuple pour lui dire que le Japon a perdu cette guerre. Certains Japonais veulent encore poursuivre les hostilités, malgré les défaites qu'ils ont subies, mais la destruction, en l'espace de quatre jours, d'Hiroshima et de Nagasaki par deux bombes atomiques a fait comprendre à l'empereur qu'il est inutile de se battre contre ces armes redoutables. La nouvelle a été reçue avec soulagement par les Alliés, qui se préparaient à envahir le Japon et à combattre une armée fanatique. Si ces bombes atomiques ont fait près de 200 000 victimes, elles ont sauvé la vie à des centaines de milliers de soldats alliés. Ainsi finit la guerre, qui a duré six ans. Le retour à la paix est célébré en Angleterre par deux jours de congés. Nouveau Premier ministre, Clement Attlee a parlé à la nation, à minuit, en déclarant : « Le Japon a capitulé. Le dernier de nos ennemis est abattu. »

Des experts visitent les fermes royales

Windsor, août 1945
La reine Elizabeth est l'hôtesse d'une délégation d'experts agricoles qui étudient les méthodes modernes utilisées dans les fermes royales. Etablies dans un parc, labouré et cultivé pendant la guerre, elles ont donné des résultats étonnants.

Sous un mois d'août très pluvieux.

▷

1947

1er janvier 1947. Les mines de charbon britanniques sont nationalisées.

12 janvier 1947. Les attentats de l'Irgoun se multiplient en Palestine.

16 janvier 1947. Le socialiste Vincent Auriol devient le premier président de la IVe République française.

25 janvier 1947. Al Capone meurt à 48 ans.

12 février 1947. Des températures négatives et une pénurie de combustibles menacent l'économie britannique. Buckingham s'éclaire à la chandelle.

13 mars 1947. Le gouvernement britannique interdit les manifestations sportives pendant la semaine pour augmenter le rendement.

31 mars 1947. L'évêque de Londres blâme la ville d'Hollywood pour son taux élevé de divorces.

1er avril 1947. A Londres, le conseil pour la Moralité publique déclare que l'insémination artificielle est illégale et adultère.

7 avril 1947. Henry Ford meurt à 83 ans.

3 juin 1947. Le style de Christian Dior, accusé d'être frivole et gaspilleur, remporte un énorme succès auprès des femmes, lasses de l'austérité.

5 juin 1947. Le secrétaire d'Etat américain, George Marshall, propose un plan d'aide économique à l'Europe.

30 juin 1947. Les rations sont encore diminuées en Grande-Bretagne. Une nouvelle campagne d'austérité est jugée indispensable par les autorités.

18 juillet 1947. L'*Exodus*, qui amène 5 000 immigrants juifs en Palestine, est arraisonné par la marine royale.

15 août 1947. Le 1er réacteur atomique démarre à Harwell.

15 août 1947. Après cent soixante-trois ans de domination britannique, l'Inde proclame son indépendance.

24 août 1947. Edimbourg lance un festival annuel de musique et de théâtre.

3 octobre 1947. La reine Wilhelmina des Pays-Bas abdique en faveur de sa fille, Juliana.

9 octobre 1947. En Angleterre, la ration de lard est maintenant réduite à 28 g par semaine.

23 octobre 1947. Julie Andrews, 12 ans, est la vedette de la revue « Starlight Roof ».

La reine ne se pardonne pas ses gestes maladroits à Cape Town

Cape Town, 21 avril 1947
La princesse Elizabeth a célébré son 21e anniversaire en participant à une émission radiophonique en Afrique du Sud. Elle s'est dédiée au service du Commonwealth et son allocution a été très bien reçue. Mais ce long voyage de la famille royale n'est pas un grand succès. Organisé dans le but de donner au roi l'occasion de se reposer et pour soutenir le général Smuts aux élections sud-africaines, le voyage est un échec. Il devait aussi permettre à la princesse Elizabeth de faire le point sur ses sentiments vis-à-vis du prince Philip. La chaleur étouffante met le roi de mauvaise humeur. George VI estime que sa place est en Grande-Bretagne où un hiver terrible frappe la population. Les Sud-Africains sont insensibles à leur présence et ils rencontrent de l'hostilité de la part des rivaux boers de Smuts. Quant à la princesse, elle découvre que l'absence attise les grandes passions. Tout cela crée de la tension dans la famille royale. Il y a quelques jours, la reine s'est mise en colère quand un Noir a réussi à s'approcher de sa voiture. Pensant que c'était un terroriste, elle l'a frappé sur la tête avec son ombrelle alors que tout ce qu'il voulait était d'offrir un billet de dix shillings à la princesse pour son anniversaire. La reine a laissé tomber son ombrelle brisée et a continué de saluer la foule. La vérité fit mal à la reine.

Au départ du palais de Buckingham, les sourires avant ce très long voyage.

Moins heureux, au sommet de Table Mountain, avec le vieux guerrier Smuts.

La princesse Margaret apprécie la présence de cet écuyer du roi

Peter Townsend, pilote et courtisan.

Cape Town, 21 avril 1947
Il est beau. Il est élégant. C'est un pilote. Il a 33 ans. Il a le grade de colonel. Il est un des as de la bataille d'Angleterre. Peter Townsend est le personnage qui se détache parmi les dix courtisans qui accompagnent la famille royale en Afrique du Sud. Il est arrivé au palais de Buckingham il y a trois ans, en qualité d'écuyer du roi pour une période de trois mois. Timide et sensible, il s'est très vite intégré, et une relation de père à fils s'est créée entre le beau pilote et le roi. Sa mission a été prolongée et, en marque d'affection, le roi est devenu le parrain d'Hugo George, le second fils de Townsend et de son épouse Rosemary. C'était en février 1945. Une des raisons de son succès est qu'il sait y faire avec le roi lors de ses accès de mauvaise humeur. Il fait face alors que les autres courent aux abris. Cette qualité est appréciée de la reine et des princesses qui, elles aussi, aiment voir ce bel officier de la RAF en leur compagnie au lieu des ennuyeux officiers de la garde. Peter Townsend les accompagne au théâtre, sait danser et les fait rire. Les obligations de la vie à la cour n'ont pas favorisé son mariage. Si, au départ, sa femme était très fière d'être si proche de la famille royale, elle s'en est lassée et les deux époux s'éloignent de plus en plus l'un de l'autre. Les autres courtisans sont inquiets de l'affection évidente que la princesse Margaret montre à cet écuyer du roi. Elle n'a que 16 ans. Certains qualifient cette situation d'amour d'adolescente alors qu'il en est d'autres qui craignent que cette affection ne devienne sérieuse.

La princesse Elizabeth est fiancée au prince Philip

Buckingham, 10 juillet 1947
La princesse Elizabeth a convaincu ses parents. Elle veut épouser le prince Philip qu'elle aime. Après des mois de rumeurs dans la presse, le roi a annoncé les fiançailles de la princesse Elizabeth et du lieutenant Philip Mountbatten, en ajoutant qu'il avait donné son consentement avec grand plaisir. C'est la version officielle. En vérité, il pense toujours qu'elle est trop jeune et qu'elle est tombée amoureuse du premier bon parti qu'elle a rencontré. Le roi a été influencé par la détermination de sa fille et les manigances de l'oncle du prince Philip, Lord Mountbatten. Ce dernier n'est pas malheureux de se rapprocher du trône. La nouvelle ne devait, en réalité, être annoncée au public que dans quatre jours. Le secret a été divulgué et le roi a été forcé d'avancer la date. Bon nombre de difficultés ont été surmontées. Le problème de la nationalité grecque de Philip a été vite résolu. Il a rempli le formulaire S, prévu pour accorder la nationalité britannique à tous les étrangers qui se sont battus pour le Royaume-Uni. Philip a participé à de très nombreux combats navals en Méditerranée. Il a fait l'objet d'une citation et avait toutes les qualités pour être accepté. La famille royale grecque lui a donné la permission de quitter sa religion, orthodoxe, pour l'Eglise anglicane. En qualité de membre d'une famille royale, Philip n'avait pas de nom de famille, mais, avec l'appui de son oncle, il devient un Mountbatten. Le seul problème qu'il n'a pas pu surmonter est sa pauvreté. Sa famille est notoirement sans fortune et le prince n'a que sa paye de lieutenant de la marine royale, soit onze livres sterling par semaine, pour vivre. Il faudra sans doute trouver un moyen de régler ce problème, mais aujourd'hui le jeune homme ne peut même pas offrir une bague de fiançailles à Elizabeth. La nouvelle des fiançailles a été connue par ce détail. Le prince avait confié ce secret à la princesse Andrew de Grèce, sa mère. Celle-ci a proposé de vendre un de ses diadèmes pour en faire une bague et un bracelet destinés à la princesse Elizabeth. C'est un bijoutier de Londres qui a reçu la responsabilité du travail. Il y a deux jours, quand la princesse Andrew est venue prendre la bague, un employé n'a pas pu résister à la tentation d'avertir la presse.

La photo officielle des fiançailles d'Elizabeth et de Philip Mountbatten.

L'empire britannique craque de tous côtés

Londres, 15 août 1947
L'empire est secoué, depuis la fin de la guerre, par ses colonies et ne peut rien opposer à leur grande volonté d'indépendance. Londres n'a pas la capacité de maintenir une emprise sur ses possessions et George VI se trouve à la tête d'un domaine qui rétrécit. Lord Mountbatten préside la dissolution du Raj indien, bijou de la couronne, et, depuis la signature de l'acte d'indépendance de l'Inde, signé il y a un mois, le roi n'a plus le droit au titre d'empereur. Ce titre avait été conféré à la reine Victoria, en 1877, en reconnaissance de son règne impérial sur l'Inde.
Les autres dominions, protectorats ou dépendances, que l'on croyait sûrs avant guerre, réclament aussi leur liberté. Burma est proche de son indépendance et l'Afrique du Sud va vraisemblablement tomber aux mains des nationalistes après les prochaines élections. Les Juifs, qui veulent construire une vraie patrie dans les territoires sous mandat de la Palestine, poursuivent une guerre civile cruelle contre les armées arabes, soutenues par les Anglais. L'indépendance est à la mode du jour, de l'Afrique aux Antilles et au Pacifique. La cérémonie a été mise au point et elle se répète : le drapeau du Royaume-Uni est baissé à minuit alors que le drapeau de la nouvelle nation est déployé. Le concept de Commonwealth britannique fait son chemin. Seul un Britannique peut l'imaginer. Ses membres, quels que soient leur race, leur couleur ou leur mode d'institution, simplement unis par leur ancien assujettissement à la couronne britannique, sont égaux sous le prestige du roi, qui n'a aucun pouvoir mais le devoir de rester un exemple pour eux. Les membres de ce Commonwealth ont le droit de le quitter quand ils le veulent. Chacun profite de l'ensemble sur le plan économique et politique. Ainsi que beaucoup d'autres particularités de la monarchie anglaise, le concept a évolué, mais il semble fonctionner.

Une journée aux courses : la reine et sa fille Elizabeth se promènent le long de la piste à Epsom, le jour du Derby. Elles sont de ferventes turfistes et ne manquent pas le Derby, avec son atmosphère toute particulière.

1947

1er novembre 1947. Entrée en vigueur de l'union douanière du Benelux.

8 novembre 1947. En Angleterre, la ration de pommes de terre est de 1,4 kg par personne, par semaine.

11 novembre 1947. Des rumeurs parlent d'essais nucléaires en Union soviétique. Moscou a annoncé que les Etats-Unis ne sont plus les seuls à posséder la bombe atomique.

15 novembre 1947. En France, début d'une grève générale dans les mines.

25 novembre 1947. Dix écrivains et producteurs sont « boycottés » aux Etats-Unis. Ils sont accusés d'être des sympathisants du Parti communiste.

25 novembre 1947. Deuxième conférence des Quatre sur l'avenir de l'Allemagne et de l'Autriche.

26 novembre 1947. Le gouvernement britannique expose son plan en vue de la nationalisation des chemins de fer.

27 novembre 1947. A Paris, la police occupe les rédactions des journaux communistes.

28 novembre 1947. L'avion du général Leclerc percute une montagne en Afrique du Nord et prend feu. Il n'y a aucun survivant.

30 novembre 1947. Les Nations unies votent le partage de la Palestine en deux Etats, l'un arabe et l'autre juif. Alors que les Juifs se réjouissent, les Arabes se préparent à la guerre.

30 novembre 1947. La France rappelle 80 000 réservistes pour faire face à l'agitation sociale et aux divers mouvements de grèves.

4 décembre 1947. *Un tramway nommé désir,* de Tennessee Williams, fait sensation à New York.

10 décembre 1947. Le prix Nobel de littérature est attribué à André Gide.

16 décembre 1947. Ernest Bevin, ministre britannique des Affaires étrangères, accuse l'URSS de duplicité avec l'Allemagne après l'échec de la conférence des Quatre.

23 décembre 1947. Fin de l'échange de populations entre l'Inde et le Pakistan. Il a coûté la vie à 400 000 Musulmans et Hindous.

30 décembre 1947. En conflit avec le gouvernement dominé par les communistes, Michel Ier, roi de Roumanie, abdique.

Devenu duc, Philip épouse Elizabeth

L'archevêque de Canterbury unit Elizabeth et Philip par les liens du mariage, à l'autel de l'abbaye de Westminster.

Londres, 20 novembre 1947
La princesse Elizabeth, héritière du trône britannique, s'est mariée avec le lieutenant Philip Mountbatten. Ce dernier vient de recevoir le titre de prince Philip, duc d'Edimbourg. La cérémonie a eu lieu à l'abbaye de Westminster. Avides de splendeur, pendant cette période d'austérité, des milliers de personnes se sont massées le long du Mall et de Whitehall. Beaucoup ont passé la nuit à la belle étoile pour être certains de se trouver au premier rang pour voir passer George VI et sa fille, installés dans leur carrosse officiel. En cette époque de rationnement, Elizabeth a obtenu le supplément de coupons pour sa robe de mariée, même si la sienne a été dessinée par Norman Hartnell et est décorée de perles.

Baldwin avait cru éviter la guerre

Londres, 14 décembre 1947
Lord Baldwin de Bewdley était plus connu sous le simple nom de Stanley Baldwin. Il a été Premier ministre et avait joué un rôle important lors de l'avènement du roi et de la reine. Il vient de décéder à l'âge de 80 ans. Travailliste, grand fumeur de pipe, il avait tout essayé pour convaincre le roi Edouard VIII de ne pas épouser Wallis Simpson et rester ainsi sur le trône. Peu populaire à l'époque de l'abdication, les Britanniques ne lui ont jamais pardonné d'avoir négligé les défenses du pays et d'avoir eu une confiance excessive en Hitler quand l'Allemagne procédait à un réarmement massif.

Pour l'album de famille : la photo officielle du mariage à Buckingham.

George VI a souhaité une cérémonie sans faste

Londres, 20 novembre 1947
Les Londoniens espéraient assister à un fête grandiose, digne des fastes de la cour britannique. De ce côté, ils auront été déçus. George VI et le gouvernement avaient décidé que la cérémonie se déroulerait dans un luxe qui correspondrait à la période de rigueur que traverse l'Angleterre. Pour l'archevêque de Canterbury, ce mariage a été aussi simple que celui « d'une villageoise qui se serait mariée dans une petite église située dans un village reculé des Dales ». Les Londoniens s'attendaient à plus d'éclat. Ils se sont massés devant le palais et ont applaudi jusqu'à ce que la famille royale apparaisse enfin au balcon. Une belle clameur a salué le nouveau couple, entouré du roi, de la reine et de la toujours présente reine mère, la reine Mary. Après les photos traditionnelles, les invités se sont mis à table. Devant les assiettes, chaque convive a trouvé un brin de bruyère blanche, un porte-bonheur expédié de Balmoral. Les diverses allocutions ont eu le grand mérite d'être courtes. Une pluie de pétales de roses a recouvert le jeune couple quand il est parti dans un carrosse découvert, où la princesse et son mari résistaient au froid grâce à des bouillotes. Ils ont ensuite pris le train pour Broadlands, la résidence de Lord Mountbatten située dans le Hampshire. Ils y connaîtront leur lune de miel. A Londres, le couple s'installera à Clarence House. Le Parlement a alloué une somme de 50 000 livres sterling pour procéder à la rénovation de cet immeuble. La jeune Elizabeth va manquer à ses parents mais, bien qu'elle les aime tendrement, elle est très heureuse de quitter Buckingham. C'est pour elle enfin l'occasion de goûter au monde extérieur et de mener la simple vie d'épouse d'un officier de marine. Cela ne durera qu'un certain temps car elle sait qu'elle régnera, un jour, sur le peuple britannique.

Elizabeth et Philip quittent l'abbaye après la cérémonie de mariage.

La mariée et son époux posent pour la photo traditionnelle après la cérémonie.

La famille royale apparaît au balcon du palais de Buckingham pour saluer la foule, réjouie du mariage.

Les jeunes mariés, en lune de miel, se promènent dans le parc du domaine de Lord Mountbatten, à Romsey.

1948 - 1949

30 janvier 1948. Mahatma Gandhi est assassiné, de trois coups de revolver, par un extrémiste hindou, Nathuram Godse.

11 février 1948. Serguei Eisenstein, cinéaste soviétique, réalisateur du *Cuirassé Potemkine,* meurt d'une crise cardiaque à l'âge de 66 ans.

25 février 1948. Coup de force communiste à Prague.

10 mars 1948. Jan Masaryk, ministre des Affaires étrangères de Tchécoslovaquie, tombe, ou est poussé, d'une fenêtre. Il meurt à 61 ans.

1er avril 1948. L'URSS impose le blocus de Berlin.

14 mai 1948. Naissance de l'Etat d'Israël.

5 juin 1948. Le cheval *My love*, de l'Aga Khan, remporte le Derby d'Epson.

5 juillet 1948. Mise en place du service national de santé en Grande-Bretagne. Il offre les soins médicaux gratuits à toute la population.

17 septembre 1948. Le comte Folke Bernadotte, médiateur de l'ONU, est assassiné par un terroriste juif.

3 novembre 1948. Victoire du démocrate Harry Truman à l'élection présidentielle américaine.

15 janvier 1949. Durban vit les émeutes les plus graves survenues en Afrique du Sud.

18 mars 1949. L'Organisation du Traité de l'Atlantique du Nord (OTAN) est mise en place par huit nations occidentales.

25 mars 1949. Cinq Oscars pour *Hamlet,* de Laurence Olivier.

2 avril 1949. A Londres, lumières, illuminations et signes au néon brillent à nouveau. Ils avaient disparu depuis dix ans.

2 mai 1949. Arthur Miller reçoit le prix Pulitzer pour *Mort d'un commis voyageur.*

12 mai 1949. Le blocus de Berlin par les Soviétiques est enfin levé.

30 juin 1949. « Gorgeous Gussie » Moran choque le public de Wimbledon. Elle porte un slip en dentelles !

18 septembre 1949. La livre sterling est dévaluée de 30 %.

1er octobre 1949. Mao Zedong proclame la République populaire de Chine.

30 décembre 1949. « Crawfie », ancienne gouvernante royale, embarrasse le palais en publiant ses mémoires.

Noces d'argent pour le couple royal

Londres, 26 avril 1948

George VI et la reine ont marqué le vingt-cinquième anniversaire de leur mariage par un service religieux qui a été célébré à la cathédrale Saint Paul. L'archevêque de Canterbury a fait remarquer à l'assemblée que la Grande-Bretagne avait beaucoup de raisons de se réjouir et de remercier le Créateur : « La Nation rend grâce à Dieu pour avoir placé une famille aussi noble sur le trône de notre pays. » A la fin de la cérémonie, le couple royal, radieux, est parti dans un carrosse découvert pour faire un circuit de trois heures dans les rues de Londres. Peu après, ils se sont adressés à la nation. La reine a dit sa conviction que la vie conjugale constituait le fondement sur lequel se construit tout ce qu'il y a de mieux dans la vie. « Analysant mes vingt-cinq dernières années, et mon enfance très heureuse, je me rends compte de plus en plus que cette merveilleuse sensation de bonheur et de sécurité provient d'un foyer où régnent amour et affection. » Leurs vies sont les exemples parfaits de ce qu'elle prêche. Arrivés sur le trône sans le vouloir, ils ont été soutenus, par temps de guerre ou de paix, par leur affection mutuelle. Ils ont réussi à reconstruire la monarchie ; ils sont aimés et honorés. Pendant ces vingt-cinq années, le roi a démontré un courage que peu lui attribuaient. Il n'aurait pas pu accomplir cela sans son soutien, sa détermination et son affection. Il était né de sang royal, sa femme en a fait un roi.

Un service religieux à Saint Paul pour marquer vingt-cinq ans de bonheur.

La City salue le passage du carrosse royal qui se dirige vers la cathédrale.

Roosevelt a sa statue à Grosvenor Square

Londres, 12 avril 1948

La reine Elizabeth a dévoilé la statue du Président Roosevelt à Grosvenor Square. Cet endroit est entouré par l'ambassade des Etats-Unis et par divers autres immeubles qui abritent des services américains. A Londres, la place est aussi connue sous le nom de « petite Amérique ». Une partie de l'argent récolté pour cette statue, dressée au milieu de la pelouse, a été offert par les citoyens, heureux de manifester leur admiration envers un homme qui a tant fait pour aider la Grande-Bretagne. La reine doit se souvenir de sa visite au Président, à Washington, en 1939. La rencontre était le début d'une grande amitié.

La reine à Grosvenor Square.

Londres organise les Jeux olympiques

Londres, 14 août 1948

Douze ans après le Jeux de Berlin et après l'interruption due à la guerre, Londres a l'honneur d'organiser, cet été, les premiers Jeux depuis 1936. Confronté aux contraintes imposées par l'austérité, le gouvernement a alloué un budget d'organisation qui frise la misère. Cela n'empêche pas que ces Jeux rencontrent un grand succès. Les USA gagnent trente-huit médailles d'or, la France dix et le Royaume-Uni deux. Les Soviétiques sont absents. La palme revient à une Hollandaise, Fanny Blankers-Koen, 30 ans, qui en remporte quatre.

La santé du roi ternit la joie d'une naissance

George VI ne peut plus dissimuler son secret

La mauvaise santé de George VI se lit sur son visage. Il est très fatigué.

Londres, 30 avril 1948
L'état de santé du roi crée beaucoup d'inquiétudes. A la cérémonie du 600e anniversaire de l'ordre de la Jarretière, qui a eu lieu au château de Windsor, chacun a remarqué que George VI avait les traits tirés et semblait miné. Jamais robuste, il a été épuisé par la guerre et ne s'en est pas remis. On craint quelque chose de plus sérieux. Il fume beaucoup et depuis un certain temps, il souffre d'une mauvaise circulation sanguine dans la jambe droite. Parfois, il se frappe la jambe contre son bureau pour la ranimer.

Le prince Charles est baptisé à Buckingham

Londres, 15 décembre 1948
Le premier petit-enfant de la reine et du roi a été baptisé Charles Philip Arthur George par l'archevêque de Canterbury. La cérémonie, privée, a eu lieu au palais de Buckingham. L'enfant a défié toutes les traditions. Charles a gentiment dormi pendant toute la cérémonie ! Peu de bébés s'offrent pareille liste de parrains et marraines : son grand-père est le roi George VI ; son arrière-grand-mère, la reine Mary ; sa tante, la princesse Margaret ; son arrière-grand-mère paternelle, Victoria, douairière et marquise de Milford Haven. Son grand-oncle est l'Honorable David Bowes Lyon ; sa grand-tante, Lady Bradbourne, fille du comte Mountbatten de Birmanie. Il a en plus le roi Haakon de Norvège et le prince George de Grèce comme grands-oncles. C'était une belle occasion de réunir la famille. La reine Mary a offert au bébé une coupe argentée que le roi George III avait donnée, en 1780, à son filleul. « Mon arrière-petit-fils reçoit un cadeau qui appartenait à mon arrière-grand-père, il y a cent-soixante-huit ans. » La reine tenait son petit-fils dans ses bras. Elle était heureuse : George VI avait reçu la permission de se lever pour assister au baptême. Elizabeth avait aussi pendu de nouveaux tableaux dans sa salle d'audience.

Grand-mère radieuse mais tracassée.

Une salle d'opération aménagée au palais

Londres, 12 mars 1949
La reine Elizabeth tourne en rond depuis de trop longues minutes. Elle passe et repasse devant cette porte du palais qu'elle ne peut franchir. Mais que font-ils ? Comment est-il ? Son cœur tiendra-t-il ? Comment sera-t-il après ? Dieu, que c'est long ! Derrière cette porte interdite, le professeur James Learmonth opère George VI. Une pièce du palais de Buckingham a été aménagée en salle d'opération. Il n'était plus possible d'attendre encore, l'état de santé du roi devenait plus qu'inquiétant et sa jambe droite était trop douloureuse. Les médecins avaient espéré que la longue période de repos imposée au roi aurait permis aux artères de sa jambe de reprendre des fonctions normales. Il y eu effectivement une amélioration. Après la naissance du prince Charles, le 14 novembre, le roi a pu passer d'agréables fêtes de Noël en famille, à Sandringham. Il a même connu le plaisir d'une journée de chasse. Subitement, la situation s'est alors aggravée au point de faire craindre un risque de gangrène. Le choix n'existait plus, il fallait opérer. Le roi subit une sympathectomie lombaire du côté droit. L'opération, délicate, consiste à annuler l'action du système nerveux qui régule la circulation du sang dans la jambe, à la manière d'un thermostat. Le roi a supporté l'intervention.

Une trop rare soirée avec son mari.

Encore une photo pour l'album de famille. Après le baptême de Charles.

1950 - 1951

26 janvier 1950. Proclamation de la République en Inde.

31 janvier 1950. L'URSS reconnaît la République démocratique du Viêt-nam.

24 février 1950. En Grande-Bretagne, les travaillistes se maintiennent au pouvoir de justesse.

17 juin 1950. Un chirurgien américain réussit la première transplantation d'un rein.

11 juillet 1950. Le Palladium de Londres affiche complet pour les débuts sur scène de Frank Sinatra.

5 août 1950. L'Américaine Florence Chadwick traverse la Manche à la nage en treize heures et vingt-trois minutes.

29 août 1950. Arrivée de troupes britanniques en Corée pour soutenir les Américains.

11 septembre 1950. Jan Christian Smuts meurt à 80 ans. Fils d'un fermier boer, il fut soldat, homme de guérilla et homme d'Etat. Il était aussi maréchal britannique.

16 septembre 1950. Les troupes des Nations unies débarquent près d'Inchon, avant-port de Séoul.

18 octobre 1950. L'armée française est mise en déroute par le Viêt-minh, à Dongk-Khe.

2 novembre 1950. George Bernard Shaw, auteur irlandais, critique et dramaturge, meurt à l'âge de 94 ans.

17 décembre 1950. Le général de Lattre de Tassigny est nommé haut-commissaire en Indochine.

25 décembre 1950. Les nationalistes écossais volent la pierre de Scone sur laquelle les monarques britanniques sont couronnés, à Westminster.

11 avril 1951. Le Président Truman relève le général MacArthur de son commandement en Corée.

12 mai 1951. Premier essai de la bombe H américaine sur l'atoll Eniwetok.

7 juin 1951. Deux diplomates britanniques, Guy Burgess et Donald Maclean, disparaissent. Ils auraient été enlevés par les services secrets de Moscou.

7 juillet 1951. Début de la télévision en couleur aux USA.

16 juillet 1951. Après l'abdication de son père, Léopold III, le roi Baudouin prête serment. Il est le cinquième roi des Belges.

28 novembre 1951. Entrée en vigueur d'un cessez-le-feu en Corée, le long du 38e parallèle.

Anne, une petite sœur pour Charles

Londres, 15 août 1950

La princesse Elizabeth n'accouche que le 14 ou le 15. Si Charles est né un dimanche, Anne a vu le jour un mardi, à 11 h 50 précises. Son père, le prince Philip, affecté à la flotte de la Méditerranée, est revenu juste à temps pour assister à la naissance. Le duc a aussi une seconde raison d'être radieux. Promu lieutenant de vaisseau ce jour même, il reçoit le commandement d'une belle unité, la frégate HMS *Magpie*. A Malte, où elle vit, Elizabeth apprécie la vie de femme d'officier. Pour la première fois, elle peut vivre presque comme toutes les autres femmes. En plus du climat bien agréable, elle choisit les délassements qui l'intéressent. Elle peut faire son marché, conduire sa voiture et donner des dîners. Il est vrai qu'un détective ne la quitte pas et veille à sa sécurité. Par rapport à sa vie à Londres, c'est la liberté. Elle espère retourner à Malte aussitôt qu'Anne supportera le voyage. Il y a quand même une inquiétude dans ce bonheur. Son père n'est pas encore remis de son opération. Il est resté à Balmoral pour se reposer et il n'est pas rentré à Londres pour assister à la naissance de sa petite-fille. La reine Elizabeth, déchirée entre la présence auprès de son mari et celle au chevet de sa fille, a choisi d'être à la naissance d'Anne. Elle téléphone au roi sans arrêt, lui parlant de la petite fille et s'assurant que tout va bien de son côté. Se souvenant du bonheur qu'elle a connu avec son mari, à l'occasion des naissances de leurs filles, elle est enchantée pour Elizabeth. Informée par la presse, la foule attend devant Clarence House. Plusieurs salves de canons ont été tirées à Hyde Park. Parmi tous les honneurs témoignés à ce bébé, il en est un très particulier. La carte de millionième membre de l'Association automobile lui a été décernée alors qu'elle n'avait qu'une heure.

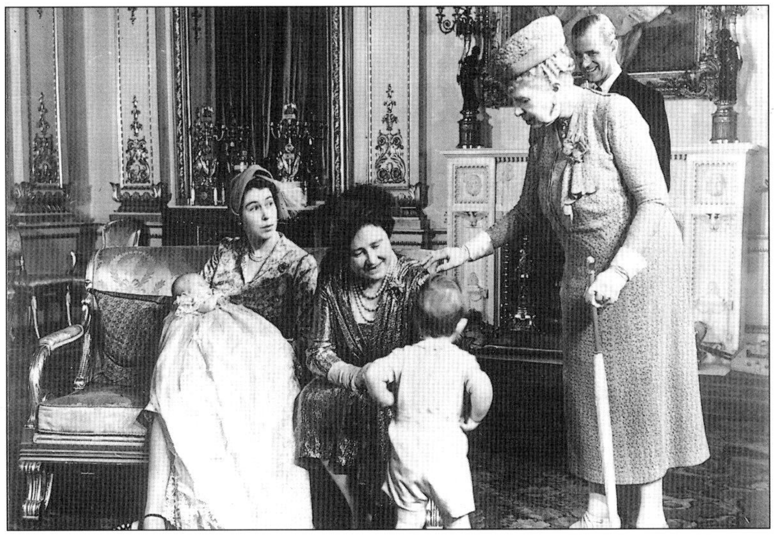

Au baptême, Charles avec sa grand-mère et son arrière-grand-mère.

La guerre éclate en Corée du Sud

Séoul, 25 juin 1950

A l'aube de ce matin, la Corée du Nord, bastion communiste, a lancé une attaque massive contre la Corée du Sud, indépendante. Des blindés et des troupes très importantes ont franchi la frontière, massacrant les Sud-Coréens qui ne s'y attendaient pas. Au même moment, des troupes débarquaient derrière les lignes et des avions attaquaient l'aéroport de la capitale. Quelques heures après avoir traversé le 38e parallèle, les Coréens du Nord avaient occupé le territoire nord de la rivière Imjin. Les communiqués indiquent que les chars fournis par l'Union soviétique sont à seulement 19 kms de Séoul. L'invasion a consterné l'Ouest. Le Premier ministre Clement Attlee et le Président Harry Truman sont en conférence avec leurs conseillers. A New York, le Conseil de sécurité des Nations unies s'est réuni et de l'aide devrait être expédiée en Corée du Sud très prochainement.

Après un an de repos, le roi va au théâtre

Londres, novembre 1950

Le roi George VI, pousuivant son lent rétablissement, s'est accordé, en famille, une bonne soirée de variétés avec la troupe du *Royal Command Performance*, au théâtre de Covent Garden. Pour la première fois cette année, il peut se laisser distraire par les comédiens, les danseuses et les chanteurs. C'est son divertissement préféré. Il insiste pour recevoir les comédiens après le spectacle, tout comme les bouffons du roi avaient accès à la loge royale. A la fin de chaque acte, les acteurs saluent la famille royale par une révérence.

Tracassée par la santé de son père, la princesse Elizabeth est à ses côtés.

Au Festival de Londres axé sur le futurisme

Gerald Barry, directeur du Festival, accueille le roi et la reine Elizabeth.

Londres, 4 mai 1951
Un siècle après que la reine Victoria ait inauguré la grande Exposition de Londres, le roi George VI et la reine ont inauguré le Festival de Grande-Bretagne. Les pavillons sont répartis sur une zone de la rive gauche de la Tamise, particulièrement affectée par les bombardements de la guerre. Les autorités sont fières de montrer aux souverains les diverses constructions qui rivalisent par leur audace et leurs formes spectaculaires. Le dôme de la Découverte montre une courbe très surprenante et le *Skylon*, gigantesque crayon d'aluminium, se dresse vers le ciel. Le *Royal Festival Hall* deviendra salle de concert, après le Festival. George VI, encore plus amaigri, a apprécié sa visite.

La reine et les mascottes trop familières

Les régiments britanniques ont l'habitude de choisir un animal pour mascotte.

Cardiff, mai 1951
La reine a appris depuis longtemps qu'il ne faut surtout pas s'approcher de ces gentils animaux qui ont l'air bien dociles, à côté de leur maître. Un cheval à déjà tenté de manger son bouquet et un pélican de la RAF a presque réussi à avaler son sac à main. Elle se méfie de cette belle chèvre blanche, aux cornes bien trop impressionnantes et au regard assez familier. Mascotte du régiment qui lui est présenté à l'occasion de sa visite à Cardiff, la reine ne peut pas éviter le rituel de la présentation. Dans le cadre du Festival de Grande-Bretagne, les villes organisent des cérémonies où la reine Elizabeth se rend en remplaçant le roi, malade et de plus en plus indisponible.

Les beaux jardins des écoliers de Londres

Londres, 2 août 1951
C'est une de ses journées favorites. Aujourd'hui, Elizabeth doit visiter les différentes écoles de Londres et remettre le prix à celle qui gagne le concours du plus beau jardin. Il y a deux vainqueurs pour l'année 1951. La *London Garden Society* parraine ce concours annuel. Elle a désigné le lycée Nelson, à Walworth, et le lycée pour garçons de Hither Green. La reine fut très touchée lorsqu'un jeune élève, la main encore verte et couverte de terre, lui a offert un bouquet de pois de senteur, cueilli dans un massif qu'il avait planté.

Le tout jeune jardinier, avec ses amis, offre un bouquet de pois de senteur.

Alité, George VI suit le spectacle à la radio

Londres, 14 novembre 1951
La reine s'est rendue seule au *Royal Variety Show*. Elle a fait bonne contenance et a souri comme elle le fait toujours, mais l'inquiétude était gravée sur son visage et les rires provenant de la loge royale n'étaient pas les mêmes que d'habitude. Le roi voulait à tout prix écouter le spectacle et il l'a fait diffuser dans sa chambre. George VI a dû subir une nouvelle opération, le 23 septembre dernier. Son poumon gauche a été enlevé et il ne sait toujours pas qu'il souffre d'une tumeur cancéreuse au poumon droit. La reine connaît la vérité mais, en public, elle garde une attitude qui ne laisse rien deviner. Elle passe le plus de temps possible avec son mari, assumant en outre toutes les obligations royales. Le voyage de la princesse Elizabeth et du prince Philip au Canada est un sujet de grande satisfaction dans une période bien triste. Le couple a aussi rendu visite au Président Truman, à Washington, et ce dernier a écrit au roi : « Nous venons d'avoir la visite d'une charmante jeune femme et de son mari, un homme qui présente très bien... » L'état de santé du roi entraîne de telles inquiétudes que le secrétaire particulier de la princesse avait été prié d'emporter avec lui les documents nécessaires dans le cas d'une succession subite.

Savoir être reine malgré les tracas.

1952 - 1953

Churchill revient au 10, Downing Street

Londres, 26 octobre 1951
Churchill est de nouveau Premier ministre. Avec une majorité de dix-sept sièges, les conservateurs ont remporté les élections législatives. Il a formé son gouvernement. Après avoir souffert d'un début de crise cardiaque, il y a deux ans, il doit, à l'âge de 77 ans, faire face à une tâche difficile. Les problèmes sont différents de ceux qu'il a surmontés pendant la guerre. Mais, lorsqu'il a accepté cette mission, confiée par le roi, il semblait rajeuni et les deux hommes, marqués par la guerre, se sont accueillis chaleureusement.

Un jour aux courses pour la reine

La reine conseille un jockey.

Sandown Park, décembre 1951
« Comment vont tous mes chéris ? » C'est la question que Peter Cazalet entend à chaque fois que la reine l'appelle au téléphone. Car Peter est l'entraîneur des écuries royales et il sait à quel point la reine Elizabeth est passionnée par ses chevaux de course. Les Bowes Lyon ont cette passion dans le sang et leurs écuries ont déjà compté quelques cracks. La neige et le froid n'empêchent pas la reine de rendre visite à ses écuries quand elle séjourne, comme pour l'instant, à Sandringham. La famille royale y passera les fêtes de Noël, autour du roi dont l'état de santé est qualifié de stationnaire. Son allocution radiophonique de Noël y sera enregistrée. Elizabeth a réussi à se ménager un peu de temps libre pour passer quelques moments au champ de course de Sandown Park, où elle s'est rendue avec Margaret. C'est un de ses hippodromes préférés, tout comme celui du National Hunt.

10 janvier 1952. Le capitaine Carlsen arrête son combat solitaire de douze jours. Il tentait de sauver son cargo, le *Flying Enterprise*, pris dans la tempête.

11 janvier 1952. Le général de Lattre de Tassigny meurt d'un cancer à l'hôpital de Neuilly.

20 janvier 1952. Le Premier ministre Mossadegh dénonce le traité d'amitié de 1857 entre l'Iran et la Grande-Bretagne.

20 février 1952. Elizabeth Taylor épouse Michael Wilding.

21 février 1952. La Britannique Jeanette Altwegg remporte la médaille d'or de patinage artistique aux Jeux olympiques d'Helsinki.

29 février 1952. A Paris, le gouvernement d'Edgar Faure présente sa démission au président Vincent Auriol.

21 mars 1952. Humphrey Bogart reçoit l'Oscar du meilleur acteur pour son rôle dans *The African Queen*.

9 avril 1952. Un rideau de fer se construit entre les Allemagnes.

12 avril 1952. Le général Eisenhower déclare qu'il démissionnera de l'armée s'il devient le candidat républicain à la présidence des Etats-Unis.

12 avril 1952. Les forces françaises s'enfoncent dans la guerre en Indochine.

2 mai 1952. Début de l'ère de l'avion de ligne à réaction avec le départ d'un Comet 1 de la BOAC de Londres pour Johannesburg.

3 mai 1952. Newcastle United est la première équipe de football à gagner la Coupe d'Angleterre deux années de suite, depuis 1891. Arsenal a été battu 1-0.

16 mai 1952. A Londres, la chambre des Communes soutient le principe d'un salaire égal pour l'homme ou pour la femme qui accomplissent le même travail.

15 juin 1952. Le journal d'Anne Frank est publié. Elle l'a écrit alors qu'elle se cachait de la Gestapo, avant de périr dans un camp de concentration.

20 juin 1952. A Londres, le gouvernement annonce que les passages pour piétons seront marqués par des feux orange clignotants.

26 juin 1952. En Afrique du Sud, c'est en chantant *« Dieu sauve l'Afrique »* que les Noirs, Métis et Indiens entament une campagne paisible contre les lois de l'apartheid.

Adieux touchants à l'aéroport d'Heathrow

La princesse part pour cinq mois.

Heathrow, 31 janvier 1952
Tous les regards étaient posés sur le roi George VI lorsqu'il a dit adieu à la princesse Elizabeth et au prince Philip avant qu'ils partent, à sa place, pour un voyage de cinq mois, en Australie et en Nouvelle-Zélande, en passant par l'Afrique centrale. Le roi semblait réticent à les voir partir. Après une courte réception dans le salon d'honneur, il a suivi sa fille jusque dans l'avion pour un dernier adieu. Alors que l'Argonaut prenait lentement de la vitesse sur la piste, le roi se tenait debout, tête nue dans un vent glacial, agitant la main jusqu'à ce qu'il disparaisse à l'horizon. C'est seulement à ce moment que la reine a pu le convaincre de rentrer au chaud dans l'aérogare. Au côté du roi, Churchill, comme toutes les autres personnalités, a été frappé par sa maigreur et a remarqué qu'il tentait de cacher son émotion. La reine, familière de ces indices, a tendrement placé la main sur son bras. Le roi lui a souri tristement. Le moment était émouvant. Il révèle l'ampleur de leur amour et de leur complicité. Elle sait que le roi se rend compte qu'il ne reverra peut-être plus sa « Lilibet ». George VI se déplacera demain à Sandringham, lieu qu'il apprécie. Chacun espère que l'air vivifiant de la côte l'aidera à reprendre des forces. S'il ne peut plus participer à de grandes parties de chasse, il compte bien profiter de quelques battues et tirer des lapins ou des lièvres.

George VI, le visage marqué par la maladie, salue le public à son arrivée.

George VI s'endort pour toujours à Sandringham

Les Anglais se réveillent en apprenant la terrible nouvelle. Dans les rues, ils se rassemblent et se ruent sur la presse du matin qui publie une édition spéciale.

Sandringham, 6 février 1952
Ce mercredi devait être une journée comme les autres. A 7 h 30 précises, James MacDonald est entré dans la chambre du roi, lui portant son thé. Comme chaque matin, le valet de chambre lança : « Good morning, Sir, your early-morning tea. » Le roi reposait paisiblement dans son lit, mais il dormait du sommeil éternel. Le visage de George VI ne portait aucune trace de souffrance et rien ne pouvait laisser deviner que son ultime voyage, celui qui mène à la mort, ait été tumultueux.

Rien ne pouvait laisser penser que la fin était aussi proche. La journée d'hier avait été agréable. Le temps avait permis au roi de participer à une partie de chasse, avec des amis, dans ce beau domaine situé au bord de la mer du Nord, à quelque trois cents kilomètres au nord-est de Londres. La chance avait même été de la partie. Sa dernière cartouche mit fin à la fuite d'un lièvre qui était sur le point d'atteindre un massif de fourrés. Ce beau coup l'avait rempli de joie et il l'avait raconté, avec tous les détails, à sa femme et à sa fille Margaret. Le dîner, pris en famille, fut simple et, vers 11 heures, alors que Margaret jouait du piano, le roi partit vers sa chambre. Il se fit servir une boisson fraîche et, peu après minuit, un domestique observait le roi, à sa fenêtre, tirant ses rideaux pour la nuit.

Une thrombose cérébrale guettait le roi depuis qu'il souffrait de sérieux troubles de la circulation. George VI aura eu la chance de mourir, sans douleur, dans son sommeil, plutôt que de subir la terrible épreuve de se voir diminué par les conséquences d'une attaque qui n'aurait pas été fatale. Comme George V, il meurt à Sandringham, cette vaste demeure construite en brique rouge, érigée par Edouard VII en 1870, dans un style victorien que personne ne peut vraiment admirer.

Dans un discours prononcé tôt ce matin, Winston Churchill a rendu hommage à un homme qu'il connaît très bien. Les Anglais en retiendront quelques phrases comme : « Jamais, un seul instant, le roi n'a failli à son devoir. » Au sujet de son épouse, le Premier ministre disait : « La femme la plus vaillante que j'ai connue. » Ce matin, elle n'est plus la reine.

Sa fille devient Elizabeth II d'Angleterre

Heathrow, 7 février 1952
Alignés au pied de la passerelle de l'avion, Winston Churchill, Clement Attlee et Anthony Eden attendent respectueusement la jeune femme, habillée de noir, qui apparaît à la porte de l'Argonaut de la BOAC. L'appareil vient de Nairobi. Partie, il y a une semaine, avec le titre de princesse, la jeune Elizabeth revient en qualité de reine d'Angleterre. La première étape de ce voyage l'avait amenée au Kenya. La veille, elle se trouvait toujours en pleine savane africaine, à Treetops, dans un petit hôtel construit dans les branches d'un figuier. Un journaliste a appris la mort du roi à la radio par un flash de l'agence Reuter. Il a transmis la nouvelle au major Martin Charteris, conseiller de la princesse. Ce dernier a informé le colonel Michael Parker, aide de camp principal. Plus d'une heure a été nécessaire pour obtenir la confirmation. Le colonel est alors allé vers le duc d'Edimbourg. C'est donc par son mari que la princesse Elizabeth a appris la nouvelle. Elle arriva à Clarence House vers 16 h, peu avant sa grand-mère, la reine Mary. La reine Elizabeth II lui avait réservé l'honneur d'être la première à lui faire le respectueux baisemain.

Elle va refuser leur baisemain.

Des funérailles en grande pompe pour George VI

Windsor, 16 février 1952
Selon le rituel et la tradition de la monarchie britannique, la dépouille du roi George VI a été descendue dans le caveau de ses ancêtres, à la chapelle St George du château de Windsor. Après sa mort, il y a dix jours, le roi a d'abord reposé, sur son lit de parade, dans la chapelle de Sandringham où il était entouré de ses gardes-chasses et de ses fidèles domestiques qui se sont relayés à ses côtés jour et nuit. Le cercueil en chêne a ensuite été exposé au public à Westminster Hall. Des officiers de la garde se tenaient aux quatre coins du catafalque. Alors qu'il fallait quatre heures de patience, debout dans une file, 300 000 personnes ont défilé, sous une pluie glaciale de l'hiver londonien, pour rendre un dernier hommage à ce roi timide qu'elles aimaient. George VI a fait son dernier voyage dans les rues de sa capitale. Le cercueil, hissé sur un affût de canon, était tiré par des marins, escorté par les cavaliers de la garde royale. Le convoi funèbre se dirigea, au pas de parade, vers la gare de Paddington où le train royal attendait pour l'emmener vers le château de Windsor. Alors que le cortège quittait Westminster, Big Ben a sonné une fois par minute, cinquante-six fois, pour marquer les 56 années de la vie du roi. Devant Marlborough House, la reine Mary, trop faible pour être présente aux funérailles, a fait, avec dignité, une révérence à la dépouille de son fils. Le cercueil était couvert de fleurs, la grande majorité des familles royales d'Europe était présente. Parmi les innombrables couronnes, celle de Churchill portait la citation de la croix de Victoria. On y lisait : « Pour ta bravoure. » Le chef d'état-major des armées a récité la liste des titres du défunt devant le tombeau ouvert. Puis, alors que le cercueil descendait dans le caveau, au son de tambours voilés, la jeune Elizabeth II a pris une poignée de terre d'un petit bol en argent et l'en a parsemé tandis que le grand chambellan montrait le bâton de commandant suprême du roi, le brisait en deux et jetait les morceaux dans le caveau. Les deux minutes de silence observées par les personnes présentes resteront les moments les plus émouvants de la journée. Churchill avait su exprimer les sentiments de la nation.

Portée par ses gardes, la dépouille de George VI est descendue du train qui l'a amenée de Sandringham vers Londres.

Entourés des gardes de la cavalerie, à pied, les marins tirent la prolonge d'artillerie sur laquelle repose le cercueil.

Sa veuve est devenue la reine Mère

Londres, 18 février 1952
Les contraintes de la vie publique ne laissent pas à la veuve du défunt le temps de vivre sa douleur. Dès le lendemain des funérailles, elle a pris une décision que les Anglais ont vite fait de ne pas respecter à la lettre. Afin d'éviter toute confusion avec sa fille qui règne sous le même nom, la reine Elizabeth a décidé de porter à l'avenir le titre de reine Elizabeth, reine Mère. Dès que cette décision fut connue, seule la dernière partie a été retenue. Il faut y voir la preuve de l'affection que tous lui portent. Elle a fait diffuser un message au pays ce matin : « Il vous aimait tous, très sincèrement. C'est ce sentiment qu'il essayait de vous exprimer dans ses allocutions de Noël. Durant des années, nous nous sommes efforcés, le roi et moi, de remplir de tout notre cœur et de notre mieux la tâche qui nous incombait : celle de vous servir. Mon désir maintenant est de voir poursuivre ce travail. Je vous confie aux soins de notre chère fille. Donnez-lui votre loyauté et votre dévotion. Dans la situation et la position solitaire à laquelle elle a été appelée, elle aura besoin de votre protection et de votre amour. »
Derrière son maintien très digne, il y a de la douleur et de l'amertume. La froideur glaciale avec laquelle elle a traité le duc de Windsor tout au long des cérémonies était évidente. Il est arrivé de France pour tenir sa place dans sa famille. Si elle a bien toléré qu'il soit dans le cortège funèbre, il n'a pas été invité au déjeuner. Elle est convaincue qu'en abdiquant le duc de Windsor a donné à son mari des responsabilités qui l'ont tué. Elle le rend coupable de son veuvage. Elle a été touchée par la réaction du monde entier à la mort du roi. Elle a compris la peine ressentie dans les pays du Commonwealth. Aux Etats-Unis, le Congrès a voté une motion de sympathie et un éloge du roi fut lu à la presse par Dean Acheson, ministre des Affaires étrangères : « La première qualité de George VI était le dévouement à son devoir. » Ambassadeur de France à Londres, René Massigli a dit : « George VI, amené au pouvoir dans un climat de crise dynastique et constitutionnelle, est mort en laissant à sa fille le trône le plus stable et le plus respecté que l'Angleterre ait connu au cours de toute son histoire ».

Le catafalque est gardé par des hallebardiers, à l'abbaye de Westminster.

Ces trois femmes, en deuil, pleurent un fils, un mari et un père.

Son régiment se bat en Corée

Fife, mai 1952
La reine Mère, toujours colonel du 42e régiment écossais, celui de sa famille, est arrivée par avion pour souhaiter bon voyage à ces hommes qui partent rejoindre en Corée la division du Commonwealth. C'est sa première apparition depuis la mort du roi, et ses amis sont heureux de la voir enfin quitter sa résidence, car toujours accablée par la douleur, elle s'enferme à Birkall, une maison du domaine de Balmoral où elle et son mari ont vécu au début de leur mariage. Elle s'habille toujours de noir et refuse de recevoir, ne voyant que ses amis intimes et sa famille. Ses proches tentent de lui éviter la situation de la reine Victoria qui s'était renfermée à la mort de son mari. Il aura fallu quelque chose qui la touche personnellement, comme le départ en guerre de son régiment, pour la faire sortir de chez elle.

La première sortie de la reine Mère.

La reine Mary meurt dans sa résidence

Londres, 24 mars 1953
La reine Mary, 85 ans, l'incarnation typique d'une époque passée, est décédée à Marlborough House. Elle est devenue reine en 1910, quand son mari, George V, est monté sur le trône. Elle possédait une discipline et une volonté de fer. Churchill en dit : « Elle avait l'air d'une reine et elle agissait comme une reine. » ▷

1953 - 1954

3 février 1953. Les digues s'effondrent aux Pays-Bas. Les inondations touchent aussi l'Angleterre et la Belgique.

5 mars 1953. Joseph Staline, le Petit Père des peuples, meurt d'une hémorragie cérébrale, à l'âge de 73 ans.

5 mars 1953. Mort à Moscou du compositeur Serge Prokofiev.

26 mars 1953. Le docteur Jonas Salk a développé un vaccin contre la polio.

19 juin 1953. Ethel et Julius Rosenberg, espions soviétiques de l'atome, meurent sur la chaise électrique à la prison de Sing Sing.

20 juin 1953. Les chars soviétiques écrasent la rébellion des ouvriers à Berlin-Est.

27 juillet 1953. La signature d'un armistice met fin aux combats en Corée. La guerre a duré trois ans.

12 septembre 1953. Aux Etats-Unis, John F. Kennedy épouse Jacqueline Bouvier.

2 octobre 1953. Le talon aiguille est la dernière mode.en chaussures féminines.

29 novembre 1953. Les parachutistes français prennent position à Diên Biên Phu.

11 janvier 1954. Les avions à réaction de ligne Comet de la BOAC sont immobilisés après un deuxième accident au large de l'île d'Elbe.

7 mai 1954. Défaite française à Diên Biên Phu.

1er juillet 1954. Les lapins britanniques disparaissent. Ils sont victimes d'une nouvelle maladie, la myxomatose.

3 juillet 1954. Les ménagères britanniques brûlent enfin leur carnet de rationnement, après quatorze ans. Le gouvernement annonce la fin des rations.

15 juillet 1954. Premier vol, à Trenton, d'un Boeing 707.

24 septemre 1954. Un temple dédié au dieu romain Mithra est découvert près de Mansion House.

1er novembre 1954. A Alger, manifestations sanglantes des partisans de l'indépendance.

30 novembre 1954. Sir Winston Churchill fête ses 80 ans. Quand il reçoit un portrait de lui-même exécuté par l'impitoyable artiste Graham Sutherland, il dit : « Il combine bien la force et la candeur. »

10 décembre 1954. Ernest Hemingway est prix Nobel de littérature.

La télé retransmet le couronnement

Pendant la cérémonie, la reine Mère prendra soin du prince Charles qui meurt d'ennui au couronnement de sa mère.

Elizabeth II, reine d'Angleterre.

Seize mois après la mort de son père, Elizabeth est couronnée à Westminster.

Londres, 2 juin 1953
Pour la première fois de l'histoire, un grand événement est retransmis par les caméras de télévision. Cinq pays relayent les programmes de la BBC en direct. Les Français suivent ainsi le déroulement de cette journée sur le petit écran, grâce au relais de l'ORTF. Le temps est exécrable. Ce n'est qu'en fin de journée que les averses de pluie ont cessé et c'est sous une belle voûte étoilée que le feu d'artifice illumine le ciel de la capitale britannique. Elizabeth II a été couronnée ce matin à l'abbaye de Westminster où près de huit mille invités avaient pris place. Les rues étaient bondées de trois millions de spectateurs. Beaucoup avaient passé la nuit sur place, malgré le froid et la pluie persistante, pour voir passer le cortège. Les carrosses avançaient, accompagnés par des cris de joie et des vagues d'applaudissements. La reine, habillée de pourpre royal, portait la couronne impériale, ainsi que le globe et le sceptre. Rentrée à Buckingham, Elizabeth II est venue au balcon. La reine Mère surveillait le prince Charles, un petit garçon de 4 ans, très turbulent, qui tentait de grimper sur la rambarde pour voir sa mère prêter serment : « Durant toute ma vie et de tout mon cœur, je m'efforcerai d'être digne de votre confiance. »

L'Everest est vaincu, hommage à la reine

Londres, 2 juin 1953
La foule, déjà rassemblée pour les fêtes du couronnement, a applaudi lorsque la nouvelle de la conquête de l'Everest par Edmund Hillary, un Néo-Zélandais, et le Sherpa Tensing Norgay a été connue. Le succès de l'expédition britannique, menée par le colonel John Hunt, est ressenti comme un bon présage. Le sommet a été atteint par les deux alpinistes vendredi dernier, la nouvelle n'est parvenue qu'hier à Katmandou.

Margaret et Townsend avouent leur liaison

Elle n'a jamais été aussi radieuse.

Londres, 14 juin 1953
Les affaires de cœur, une fois de plus, créent la consternation et un bel embarras au palais. Le monde entier sait maintenant que la sœur de la reine, la princesse Margaret est amoureuse d'un colonel de la RAF, Peter Townsend. Ceux qui ont suivi la cérémonie du couronnement sur leur petit écran l'ont vue, radieuse, se rapprocher de cet ancien as de la bataille d'Angleterre et enlever un bout de fil de la poche de poitrine de son uniforme, dans un geste plein d'affection. Dès le lendemain, les journaux américains publiaient cet instantané, ainsi que l'histoire de leur liaison. La presse britannique, discrète sur les rumeurs royales, n'a rien dit jusqu'à aujourd'hui, quand le *People* a imprimé les articles parus à l'étranger, en les démentant avec fine astuce, pour oser les publier. La reine et sa mère étaient au courant, et Margaret leur a dit qu'elle voulait épouser Townsend. Il est à présent contrôleur des finances de Clarence House où Margaret vit avec la reine Mère. Ils feraient un beau couple, mais Townsend est divorcé, avec des enfants dont la mère vit toujours. Un tel mariage ferait scandale. La reine a prié sa sœur de bien vouloir patienter jusqu'à ses 25 ans. Ce n'est que dans deux ans.

Les Canadiens retrouvent le beau sourire

Londres, 24 novembre 1954
Après une visite réussie aux Etats-Unis et au Canada, la reine Mère est revenue à Londres, accueillie par une chaleureuse réception. Elle n'avait pas souhaité faire ce voyage. « Qui peut s'intéresser encore à la veuve d'un roi, d'un âge mûr ? » Elle est partie parce que ce voyage devait aussi lever des fonds, en mémoire de son mari, pour permettre aux jeunes du Commonwealth de continuer des études aux Etats-Unis. La visite a débuté discrètement, ainsi qu'elle l'avait voulu. Mais, après avoir reçu le chèque, pendant un dîner télévisé, les foules l'ont acclamée partout où elle passait. « De toutes les raisons pour recevoir la reine Elizabeth, la reine Mère, écrit le *New York Times*, « la plus plaisante est son immense amabilité. » Le Canada l'a accueillie encore plus chaleureusement. C'est un pays qu'elle décrit comme une « magnifique aventure faite avec de la fraternité humaine ». Ce peuple qui l'adore, l'acclame. Son retour à la vie publique est réussi.

La famille s'est réunie pour accueillir la reine Mère à son retour d'Amérique.

La reine Mère prend soin de Margaret

Londres, 30 juin 1953
La reine Mère a oublié son chagrin pour réconforter sa fille cadette, prise dans les remous de son affaire sentimentale qui semble impossible à résoudre. La reine Mère a connu les problèmes posés par son beau-frère et Mme Simpson. Elle n'ignore pas la force de l'amour et du désir. Elle croit aussi à l'inviolabilité du mariage mais ne souhaite pas faire pression sur sa fille Margaret. Elle la réconforte et la console. Ce matin, la mère et la fille sont parties dans un Comet pour une visite officielle en Rhodésie. Les accidents survenus à cet avion ne les impressionnent pas. Elles ont déjà pris le Comet pour un court voyage pendant lequel la reine Mère a pris les commandes. Elle a fait peur au pilote d'essai, « Yeux de chat », Cunningham, en poussant la vitesse jusqu'à la limite. Cette fois, elles sont dans cet avion à réaction pour aller célébrer le centenaire de la naissance de Cecil Rhodes. Ce voyage oblige la reine à reprendre des fonctions officielles, il sépare aussi Margaret et Peter Townsend. Ce dernier doit reprendre le service actif et sera nommé attaché de l'air à Bruxelles.

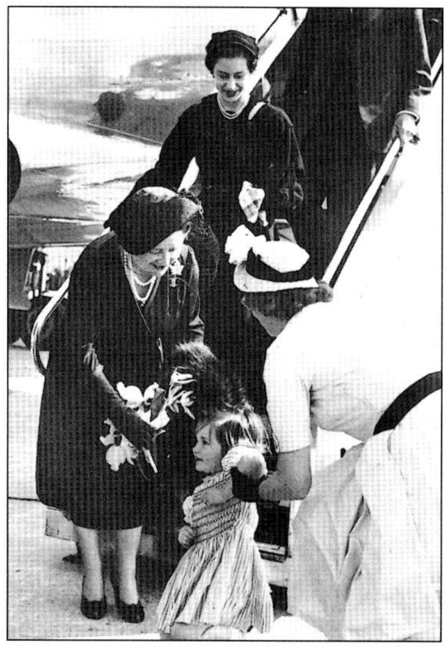

Elles sortent d'un avion dangereux.

Norman Hartnell présente sa collection de printemps à ses clientes royales.

La reine Mère a acheté le château de Mey à Caithness. Il est en ruine. Une fois restauré, il deviendra sa retraite en Ecosse.

1955 - 1958

8 février 1955. Nikita Khrouchtchev prend de plus en plus d'importance en Union soviétique.

5 avril 1955. Sir Winston Churchill, âgé et fatigué, est reçu pour sa dernière audience avec la reine. Il cède la place à Sir Anthony Eden.

11 juin 1955. L'accident survenu aux 24 Heures du Mans aura fait quatre-vingts morts. Trois voitures ont été projetées dans les tribunes.

30 septembre 1955. Les Chypriotes grecs se révoltent contre le contrôle britannique. Le groupe extrémiste EOKA accélère sa campagne pour obtenir l'union avec la Grèce.

30 septembre 1955. Le comédien américain James Dean meurt, à 24 ans, dans un accident de voiture.

18 mars 1956. Nikita Khrouchtchev fait un discours au XXe Congrès du Parti communiste dans lequel il désavoue Staline.

29 juin 1956. Le dramaturge Arthur Miller épouse Marilyn Monroe, l'idole d'Hollywood.

26 octobre 1956. Les Hongrois se rebellent contre la domination soviétique.

6 novembre 1956. Les forces franco-britanniques débarquent en Egypte alors que les divisions israéliennes attaquent dans le Sinaï.

10 janvier 1957. Harold MacMillan succède à Sir Eden comme Premier ministre.

7 février 1957. Bill Haley et ses Comets font fureur à Londres.

25 mars 1957. L'Allemagne de l'Ouest, la France, le Luxembourg, l'Italie, la Belgique et la Hollande signent le traité de Rome, créant le Marché commun.

31 août 1957. Lord Altrincham écrit un article dans lequel il attaque la reine : « Une écolière bégueule, capitaine d'une équipe de hockey ».

4 octobre 1957. L'URSS lance sur orbite le satellite Spoutnik I et ouvre l'ère spatiale.

6 février 1958. Un accident d'avion à Munich décime l'équipe de Manchester United.

18 mars 1958. A Londres, les dernières débutantes à être présentées à la cour font leur révérence.

5 décembre 1958. Harold MacMillan inaugure la rocade de Preston, 1er tronçon d'autoroute britannique, longue de 13 km. Il déclare : « C'est un symbole de ce qui va suivre. »

Margaret renonce à Peter Townsend

Londres, 31 octobre 1955
Après une très longue période de réflexion, à l'attente de ce que le monde espérait, Margaret a, ce soir, placé le devoir avant l'amour. Les yeux remplis de larmes, la princesse a déclaré qu'elle renonçait à Peter Townsend qu'elle avait rencontré pour la première fois, adolescente, alors qu'il était écuyer de son père. A l'âge de 25 ans accomplis, elle pouvait épouser Townsend, divorcé, sans la permission royale. Encore, cela prendrait un an et elle perdrait les revenus de sa liste civile tout en devant renoncer au trône. Il y a à peine quinze jours, au cours d'une dernière rencontre, ils ont une fois encore clamé leur amour et elle était résolue à se marier. Un dîner avec l'archevêque de Canterbury n'a pas réussi à la faire changer d'avis. La semaine dernière, la reine, qui est opposée à cette union, lui a dit que le Premier ministre voulait qu'elle se marie à l'étranger et qu'elle y vive, au moins pour quelques années. La princesse s'est alors soumise, sous la pression de sa famille, de l'Eglise et de l'Etat. Dans son message officiel, elle dira : « Soucieuse de respecter l'enseignement de l'Eglise qui dit que le mariage reste indissoluble, et consciente de mon devoir envers le Commonwealth, j'ai pris la décision de placer ces considérations avant toute autre... » Elle a remercié son ami pour son « soutien constant ».

Margaret ne veut pas connaître le drame vécu par son oncle, Edouard VIII.

Nasser s'empare du canal de Suez

Alexandrie, 26 juillet 1956
Deux semaines après le départ des dernières unités franco-britanniques de la zone du canal, conformément aux accords anglo-égyptiens, Nasser a nationalisé la Compagnie du canal de Suez. Il prend le contrôle d'un point stratégique pour la livraison du pétrole en Europe. La France et la Grande-Bretagne sont indignées par l'action arbitraire de Nasser. Dans un discours prononcé pour le quatrième anniversaire du renversement de Farouk, Nasser a dit que, si les « Etats impérialistes » n'étaient pas contents, ils pouvaient toujours « s'étouffer dans leur furie ». Il a menacé de prison les employés de la société qui tenteraient de quitter l'Egypte. Nasser s'est aussi vanté : « Nous industrialiserons l'Egypte et ferons concurrence à l'Ouest. Nous nous portons de mieux en mieux. » Son action ne semble pas faire partie d'un plan préparé. Elle serait plus une réaction provoquée par le refus des Américains et des Britanniques de financer le barrage d'Assouan après que l'Egypte eut négocié un marché d'armes de 200 millions de dollars avec les pays communistes.

Rois et princes se passionnent pour le polo

Windsor, été 1956
La reine Mère, qui aime tout ce qui concerne les chevaux, est devenue une enthousiaste de polo. Elle ne manque pas les rencontres qui se déroulent à Smith's Lawn dans le grand parc de Windsor. On y trouve le siège du Household Brigade Club de polo, récemment fondé par son gendre, le duc d'Edimbourg. Le duc est un joueur habile et vigoureux. La famille royale vient régulièrement voir évoluer son équipe. Avec cette présence, et celle des jeunes officiers de la garde, Smith's Lawn devient un endroit chic où il est bon d'être vu le week-end. Cela ne gêne pas la reine Mère. Ce sport l'intéresse et elle s'occupe du prince Charles qui a 7 ans. Plusieurs jeunes gens, issus de familles royales étrangères, viennent aussi à Smith's Lawn.

Le jeune roi Hussein, âgé de 20 ans, apprécie le « Windsor Great Park ».

La reine Mère retrouve son carnet de bal

Elle aurait pu danser toute la nuit...

Londres, novembre 1956

Ses amis craignaient de ne plus voir ce spectacle. Ce soir, la reine Mère danse avec un officier de cavalerie, fringant et élégant malgré son âge. Elle a toujours adoré danser et en particulier les quadrilles bruyants et pleins d'entrain. Elle avait connu ces danses endiablées aux bals donnés dans les salles des vieux manoirs de son Ecosse natale. Le bal de Ghillies est parmi ses favoris. Il a lieu chaque année à Balmoral. Elle se faufilait, comme une anguille, dans les figures de quadrille écossais à huit. Un de ses professeurs lui avait donné des leçons de danse, ainsi qu'à son frère, quand ils étaient jeunes. Elle avait une belle manière de taper du pied et ne l'a jamais perdue.

A la découverte des plages australiennes

La reine Mère assiste à la grande fête de surf, organisée à Manly Beach.

Maintenir les bonnes traditions militaires

Londres, 1er mars 1957

La reine Mère, remplaçant la reine en qualité de colonel en chef des gardes gallois, arborait avec fierté son poireau de St David, l'emblème du régiment, lorsqu'elle a passé en revue les gardes, aux casernes de Chelsea. Elle est colonel en chef de treize régiments et corps, colonel honoraire de quatre autres et aussi commandant en chef des diverses unités constituées de femmes. Elle sait l'importance que les militaires attachent aux rituels qui, souvent, retrouvent leurs origines dans une bataille oubliée. Les poireaux des gardes gallois ou encore le trèfle des Irlandais sont d'autres symboles. Ils représentent le sentiment de fierté nationale qui rend ces régiments si redoutables au combat.

La reine Mère reçoit un poireau des gardes gallois, le jour de la Saint David, aux casernes de Chelsea.

Londres, mars 1958

Ce tour du monde exténuant s'est terminé par un banquet au Guildhall où la famille royale était réunie. Les hommes politiques et les dignitaires de la cité se sont rassemblés pour la féliciter pour la belle réussite de ce voyage, où son art magique de la séduction a joué à nouveau. Depuis janvier, la reine Mère a parcouru le Canada, Honolulu, les îles Fidji, la Nouvelle-Zélande, l'Australie et la Tasmanie. Des foules enthousiastes l'ont reçue partout. A Lauceston, en Tasmanie, les vents violents n'ont découragé personne, alors que les bourrasques balayaient les chapeaux des dames qui lui étaient présentées. Le naturel était le thème principal du voyage. A la crainte des officiels, elle a pris des bains de foule, serrant les mains. Elle a dorloté un koala à Brisbane, apprécié la fête du surf à Manly Beach et, quand elle a repris l'avion à Perth, les écoliers, massés en une spectaculaire carte vivante de l'Australie, lui disaient « Dieu vous garde. » Loin d'abandonner la vie publique, la reine Mère est devenue une ambassadrice exceptionnelle.

« Welcome to Government House. »

Son cheval, Devon Loch, est en tête du Grand National...

... presque à l'arrivée, il trébuche et s'étale de tout son long...

... le jockey réussit à le relever, il reste en selle...

... mais ESB gagne de justesse. Elle dira : « C'est ça les courses ».

1959 - 1963

2 janvier 1959. Fidel Castro devient le maître de Cuba.

8 janvier 1959. A Paris, le général de Gaulle s'installe à l'Elysée.

21 janvier 1959. Mort du réalisateur américain Cecil Blount De Mille.

14 octobre 1959. Errol Flynn, la vedette des films d'aventures, meurt à l'âge de 50 ans.

24 janvier 1960. Journée des barricades à Alger.

19 février 1960. La reine Elizabeth II donne naissance à son second fils. Il s'appellera Andrew, comme le père du duc d'Edimbourg.

5 mai 1960. Un avion espion américain U-2 est abattu par les Soviétiques au-dessus de la Sibérie.

2 novembre 1960. Un jury du tribunal de Old Bailey décide que *L'Amant de Lady Chatterley*, interdit pour trente ans, n'est pas obscène.

9 novembre 1960. John Kennedy devient Président des Etats-Unis.

30 janvier 1961. La « pilule », un contraceptif pour les femmes, se vend en Grande-Bretagne.

12 avril 1961. Le Soviétique Youri Gagarine est le premier cosmonaute.

13 septembre 1961. Mort de Sir David Bowes Lyon à 59 ans.

3 octobre 1961. La reine Elizabeth II accorde à Antony Armstrong-Jones le titre de Lord Snowdon.

3 novembre 1961. La princesse Margaret à un fils, David.

20 février 1962. John Glenn est le premier astronaute américain.

5 août 1962. Marilyn Monroe a succombé à une trop forte dose de barbituriques.

28 octobre 1962. Fin de la crise de Cuba.

14 janvier 1963. De Gaulle refuse l'entrée de la Grande-Bretagne dans le Marché commun.

8 août 1963. Le hold-up du train postal Glasgow-Londres passionne toute l'Europe.

22 novembre 1963. Le Président Kennedy est assassiné à Dallas. Lee Harvey Oswald est arrêté.

24 novembre 1963. Lee Harvey Oswald s'écroule dans un couloir du siège de la police de Dallas. Jack Ruby, un petit escroc, lui a tiré une balle de revolver à bout portant.

Margaret épouse un photographe

Londres, 6 mai 1960

Comme une héroïne de contes de fées, installée dans un carrosse de verre, sous le soleil d'un matin de printemps, la princesse Margaret est arrivée à l'abbaye de Westminster pour épouser Antony Armstrong-Jones, un jeune photographe. Son bonheur rayonnait vers tous ceux qui remplissaient les rues où passait le cortège. Elle a parcouru Pall Mall, sous une voûte de roses blanches et roses et de bannières qui portaient leurs initiales « M » et « A ». Sa robe en soie a été dessinée par Norman Hartnell. La fiancée avait à ses côtés huit demoiselles d'honneur, dont sa nièce, la princesse Anne. La reine et la reine Mère étaient à la tête de deux mille invités qui sont entrés dans l'abbaye pour voir le couple échanger les serments du mariage

Deux mille invités

devant l'archevêque de Canterbury. L'Europe suivait la cérémonie à la télévision. Ce qui était, jadis, une cérémonie officielle, semi-privée, est maintenant suivi dans chaque foyer. Les jeunes mariés sont ensuite allés au palais de Buckingham et, après le banquet, ils sont partis vers la tour de Londres, où ils ont embarqué à bord du yatch royal *Britannia*, remis à neuf pour leur lune de miel aux Caraïbes. La reine Mère est ravie que sa fille cadette ait enfin trouvé un nouvel amour. Photographe dont le talent est reconnu, artiste, Antony Armstrong-Jones est très populaire au palais. La rumeur dit qu'il a le même sens de l'humour que la reine. Il a, cependant, provoqué de sérieux soucis dans certains milieux. En plus d'être roturier, Tony fait partie du milieu des artistes de Londres. Un scandale a éclaté lorsque la presse anglaise a découvert que le témoin de Tony avait été déclaré coupable d'homosexualité. Il a été remplacé. Tout cela est sans importance s'il réussit à faire oublier à Margaret ses aventures et son amour pour Peter Townsend. Malgré la splendeur qui brillait aujourd'hui et le bonheur qu'elle affichait, beaucoup se posent la question de savoir ce qui serait arrivé si elle avait décidé d'épouser son beau pilote.

Après la messe, les jeunes mariés passent devant la reine et la reine Mère.

Toutes les photos officielles sont prises à partir des instructions du marié.

La princesse Margaret et Tony lisent les nombreux messages de félicitations.

La reine Mère poursuit son incessant travail

Elle assiste à une cérémonie à l'université de Belfast. Elle revient sur les lieux d'une de ses premières visites royales, après son mariage avec le duc de York.

Elle prend place, devant un public debout, au gala des « Noces de Figaro », organisé au profit d'œuvres de bienfaisance, au Royal Opera House.

Une des obligations favorites. Elle assiste au Derby, à Epsom.

Le véritable plaisir. Entourée de sa famille et de ses amis, elle regarde les épreuves d'équitation à Badminton, assise comme eux, sur des bottes de foin.

A Covent Garden, elle reçoit la reine Fabiola de Belgique.

Aux casernes de Wellington, lors de l'inauguration de la chapelle des gardes. L'édifice a été reconstruit après sa destruction, par un V1, en 1944.

Elle tient à se faire présenter les Beatles pendant la représentation des fameux chanteurs au Royal Variety Show. La scène se déroule dans les coulisses.

1964 - 1967

8 février 1964. Des milliers d'adolescents offrent une réception frénétique aux Beatles, à New York.

7 août 1964. Le Président Johnson reçoit l'accord du Congrès pour décider de toute action nécessaire contre les communistes au Viêt-nam.

15 octobre 1964. Nikita Khrouchtchev est limogé. Leonid Brejnev le remplace.

30 janvier 1965. Sir Winston Churchill, mort à 90 ans, est enterré dans un petit cimetière de province, après une cérémonie officielle célébrée à la cathédrale Saint Paul.

6 avril 1965. Des Oscars pour la Grande-Bretagne. *Mary Poppins* avec Julie Andrews, meilleure comédienne, reçoit cinq prix. *My fair Lady* en obtient huit.

8 janvier 1966. Les Etats-Unis lancent leur plus grande offensive au Viêt-nam.

30 juillet 1966. L'Angleterre bat l'Allemagne par 4 buts à 2, à Wembley. Elle est championne du monde de football.

22 octobre 1966. George Blake, condamné à 42 ans de prison pour avoir espionné au profit de l'Union soviétique, s'évade et disparaît sans laisser aucune trace.

31 décembre 1966. Londres est la capitale de la musique rock.

4 janvier 1967. Donald Campbell, obsédé de la vitesse, meurt dans son hors-bord à réaction, *Bluebird*, qui quitte la surface de l'eau et se retourne pendant un essai, sur le lac de Coniston.

30 mars 1967. La RAF bombarde l'épave du pétrolier *Torrey Canyon* pour essayer de détruire le pétrole qui se répand sur les plages de Cornouailles.

7 juin 1967. Elizabeth II et la reine Mère saluent le duc et la duchesse de Windsor à la cérémonie du dévoilement d'une plaque, gravée en mémoire de la reine Mary, à Marlborough House.

10 juin 1967. Israël triomphe dans la guerre de six jours contre ses voisins arabes.

3 décembre 1967. La première transplantation d'un cœur humain réussit à l'hôpital Groote Schuur, à Cape Town. Le professeur Christian Barnard pense avoir sauvé Louis Washkansky.

18 décembre 1967. Moscou acclame Kim Philby, le traître britannique, qui a inspiré « le Troisième Homme ».

Un bébé regarde la parade militaire

Elizabeth II, mère et reine, dans son uniforme de colonel de la garde, serre le jeune prince Edouard dans ses bras.

Londres, juin 1964
La famille royale suit la tradition, elle s'est regroupée sur le balcon du palais de Buckingham pour regarder le défilé aérien de la RAF, après avoir admiré la belle cérémonie de la parade militaire du régiment de la garde à cheval, qui, avec la même précision chaque année, exécute les figures du « Trooping the Colour ». Elizabeth II, habillée de sa tunique rouge écarlate et de son tricorne, en amazone sur son cheval, est à la tête de ses troupes pour regagner la cour du palais. Mais cette année a vécu une innovation : la reine a soulevé son jeune fils, le prince Edouard, âgé de 3 mois, pour lui permettre de voir le public rassemblé devant le palais. Elle était heureuse, et sa mère la regardait avec fierté. La reine Mère a six petits-enfants : Charles, Anne, Andrew et le jeune Edouard ; les enfants de Margaret et d'Antony Armstrong-Jones (Lord Snowdon), David, fait vicomte Linley, et Lady Sarah Amstrong-Jones, qui est âgée d'un mois. Les cris d'un bébé ont été entendus chez le duc et la duchesse de Kent. Lady Helen Windsor est leur deuxième enfant. La princesse Alexander et Angus Ogilvy ont eu un fils, James. Cela ranime bien des souvenirs d'enfants qui s'ébattent dans le château de Glamis. La reine Mère s'avère être une grand-mère indulgente. Il y a aussi eu une autre naissance royale cette année. Elle n'a pas été célébrée officiellement. Patricia Tuckwell, une Australienne, a donné un fils, Mark, au cousin de la reine, le comte d'Harewood.

Winston Churchill avait été député en 1900

Londres, 25 janvier 1965
Sir Winston Churchill s'est effacé à l'âge de 90 ans, couvert d'honneurs après une vie de conflits. Sa mort, bien qu'attendue, a attristé la reine Mère, car leur relation, d'abord un peu difficile, suite à son soutien au roi Edouard VIII, à l'époque de son abdication, est devenue une relation de grande confiance et d'admiration pendant la guerre. Elle s'est rendu compte qu'en fait il agissait pour le bien de la monarchie et, lorsque son mari est devenu roi, Churchill est resté loyal jusqu'au bout. Lui-même avait constaté sa dévotion pour son mari, le roi. Chacun reconnaissait la détermination de l'autre.

La nation pleure Winston Churchill.

Une véritable amie est disparue

Leeds, 28 mars 1965
La princesse royale Mary, l'unique sœur de George VI, est décédée après s'être effondrée au cours d'une promenade dans le parc de son château d'Harewood. Elle était âgée de 67 ans. Sa mort touche la reine Mère, car, jeunes filles, elles, sont devenues très proches par leur intérêt mutuel pour le mouvement des guides. La princesse Mary, son titre à l'époque, assurait la jeune Elizabeth d'une alliée loyale au sein de la famille royale. La reine Mère était demoiselle d'honneur à son mariage avec le comte d'Harewood.

Hommage aux morts du Commonwealth

Plusieurs n'avaient pas 20 ans.

Becklingen, 13 juillet 1965
La reine Mère, en Allemagne pour trois jours, a visité les cimetières où reposent les nombreux soldats du Commonwealth tombés au cours de l'offensive du général Montgomery vers Berlin, en 1945. Dans l'enclos où elle se recueille aujourd'hui, ils sont 2 402. Ils appartenaient à des unités britanniques ou canadiennes, avec lesquelles elle garde des liens privilégiés. Il y a aussi des pilotes, venus se battre pour la mère patrie, et des prisonniers, décédés dans les camps. Ce cimetière, comme tous ceux entretenus par la commission responsable de ces lieux sacrés, est un endroit très bien entretenu. Les croix sont plantées dans un gazon digne d'un terrain de golf. Le nom de la victime, ainsi que son grade sont gravés sur la pierre ainsi que son régiment. Beaucoup avaient la fleur de l'âge. La reine Mère, qui connaît la douleur ressentie à la perte à la guerre d'un être cher, a lentement parcouru les allées.

Les superbes truites de Nouvelle-Zélande

Nouvelle-Zélande, avril 1966
Trente-neuf ans après son premier voyage en Australasie, la reine Mère y est retournée pour une visite qui combine vacances nostalgiques et voyage officiel. Elle est passée par l'Australie, où elle a rencontré le prince Charles. Il est maintenant un jeune homme de 17 ans qui poursuit ses études au collège de Timbertop, un endroit perdu dans la brousse, à 333 km au nord de Melbourne. Elle est aussi allée aux Fidji, où, lors d'une première visite mémorable, elle avait reçu un canoë qui avait été hissé sur le pont du HMS *Renown.* De retour en Nouvelle-Zélande, où elle séjournera aussi longtemps que possible, elle satisfait sa passion pour la pêche. Elle adore être les pieds dans l'eau glacée d'une rivière, tentant d'attirer un saumon avec la mouche qu'elle a sélectionnée. Elle espère répéter son record de 1927 : une truite de deux kilos et demi. La seule qu'elle ait réussi à capturer, en deux jours, est loin de faire le poids.

Des vacances comme elle les aime.

Sammy Davis Jr. est la vedette de la soirée

Londres, 14 novembre 1966
La reine Mère a toujours préféré la musique classique et le théâtre, mais chaque année, elle tient à assister au spectacle donné par le *Royal Variety Performance*, que son mari aimait tant. La bande du « Crazy Gang » le divertissait plus que Shakespeare. Elizabeth aime se faire présenter les artistes dans les coulisses et leur parler. Ces comédiens, qui ne sont pas nerveux sur la scène, devant le public, tremblent d'émotion et de peur lorsqu'ils sont alignés pour la rencontrer. Elle a l'art de les mettre à l'aise et de créer un climat amical et détendu, ce que les jeunes artistes apprécient beaucoup. Cette année, Frankie Howard est le chanteur et le comique Sammy Davis Jr. était sur scène. Pour eux, pas besoin d'être rassurés avant de la rencontrer.

Un moment privilégié de la soirée. Sammy Davis Jr. lui est présenté.

Les châteaux de la Loire l'impressionnent

La Loire, été 1967
Un de ses rêves a toujours été de voir les châteaux de la Loire, et son opération abdominale, en décembre dernier, n'a fait que repousser ce voyage en France à une saison bien plus propice. La reine Mère est donc en visite privée en France. Elle est inlassable, les officiels britanniques et français, qui essayent de la suivre, sont épuisés. Elle se promène le long du beau fleuve, visitant les grands châteaux et leurs jardins. Férue de connaissances en architecture et en histoire, et forte de l'expérience de ses châteaux de Glamis, Balmoral, Mey et de Windsor, elle apprécie la beauté et l'élégance du spectacle. Elle peut aussi estimer en experte les nombreuses difficultés posées par les problèmes d'entretien. Elle a du mal à quitter le château d'Amboise.

Sur la question des châteaux et de leurs jardins, elle parle par expérience.

30 mai 1968. Le général de Gaulle revient à l'Elysée après un mois d'agitation à Paris.

6 juin 1968. Le sénateur Robert Kennedy est assassiné à Los Angeles. Sa mort survient après celle de Martin Luther King en avril.

22 août 1968. Les chars soviétiques écrasent « le printemps de Prague ». Des combats violents font rage alors que les dirigeants tchèques sont arrêtés.

9 février 1969. Premier vol, à Seattle, d'un Boeing 747.

9 avril 1969. Alors que le prototype français 001 a volé le 2 mars, le Concorde 002 britannique décolle de Fairford. Brian Trubshaw est le pilote.

21 juillet 1969. L'astronaute américain Neil Armstrong est le 1er homme à marcher sur la Lune.

19 juin 1970. A Londres, l'étonnante victoire des conservateurs aux élections porte Edouard Heath au pouvoir.

12 novembre 1970. Charles de Gaulle est mort. Il avait 79 ans.

5 novembre 1971. La princesse Anne, qui a gagné le concours complet aux championnats d'Europe d'équitation, est élue sportive de l'année en Grande-Bretagne.

9 janvier 1972. Transport de troupes pendant la Seconde Guerre, le *Queen Elizabeth I*, mis en service commercial dès 1946, puis revendu à des investisseurs américains en 1969, est ravagé par un incendie à Hong Kong.

5 septembre 1972. Des terroristes du groupe « Septembre noir » prennent d'assaut le quartier israélien aux Jeux olympiques de Munich. Neuf athlètes sont tués.

7 novembre 1972. Richard Nixon est réélu Président des Etats-Unis.

23 janvier 1973. Un traité de paix au Viêt-nam est signé à Paris.

20 mars 1974. Un homme armé tente d'enlever la princesse Anne dans le Mall, à Londres.

8 août 1974. Richard Nixon démissionne. Gerald Ford lui succède.

19 mars 1976. La princesse Margaret et le comte de Snowdon se séparent, après quinze ans de mariage.

15 novembre 1977. La princesse Anne donne l'occasion à la reine Mère de devenir arrière-grand-mère.

Charles devient le prince de Galles

Caernarfon, 1er juillet 1969

Charles est investi prince de Galles, au château de Caernarfon, dans une belle cérémonie qui a été organisée par Lord Snowdon, gouverneur du château. Ce dernier a mis plus de deux ans à la préparer, et tout s'est déroulé merveilleusement bien. Il y eut un moment exceptionnel quand le prince s'est agenouillé devant sa mère pour recevoir d'elle l'épée, le bâton de commandement, la bague, la couronne et le manteau de son nouveau rang. Il était préparé pour ce jour faste, passant un trimestre à l'université d'Aberystwyth, où il a bien étudié la langue. Il avait fait un premier discours en gallois il y a un mois. C'est la seconde cérémonie de ce genre aux temps modernes, après celle de son grand-oncle David en 1911. Le rituel trouve ses origines dans la présentation par Edouard Ier au même endroit, en l'an 1282 de son jeune fils comme premier prince de Galles. Le roi Edouard avait tué le prince Llywelyn ap Gruffud et obtenait l'indépendance galloise. La cérémonie d'aujourd'hui n'a pas été bien accueillie par les nationalistes gallois. Des extrémistes ont exécuté quinze attentats à la bombe sur des bâtiments officiels situés au pays de Galles. Ce matin, deux hommes ont été tués en posant une bombe. Le soleil a brillé sur un jour de tension.

Le discours, dit en gallois par Charles, devant sa famille, a plu au public.

Le duc de Windsor, le roi qui n'a jamais été couronné, est mort

Paris, 28 mai 1972

Le duc de Windsor, qui a quitté le trône pour épouser Wallis Simpson, est mort chez lui, d'un cancer de la gorge, huit jours après que sa nièce, Elizabeth II lui eut rendu visite. Bien que très malade, il avait insisté pour quitter son lit et s'était levé pour la saluer lorsqu'elle est arrivée, avec le prince Philip et le prince de Galles. Edouard aurait peut-être été un très mauvais roi, mais l'homme avait de la classe. En réalité, lui et sa femme vivaient de manière princière, les domestiques les appelant « Sire » et « Votre Altesse », les valets de pied, en livrée, se tenant derrière chaque invité aux dîners. La bannière royale était suspendue au plafond et des souvenirs de son rang s'étalaient partout dans la maison. Maintenant qu'il est disparu, la reine Mère se débarrassera probablement de toute l'amertume qui est si étrangère à sa nature. A l'occasion du dévoilement du mémorial dédié à la reine Mary, il y a cinq ans, quand elle a dû les rencontrer publiquement pour la première fois depuis l'abdication, elle est restée de glace. Elle les blâme pour avoir obligé son mari à devenir roi. Cette charge l'a frustrée de la vie familiale dont elle en rêvait.

La duchesse pleure son mari.

La dépouille est exposée dans la chapelle Saint George, à Windsor.

La princesse Anne épouse le capitaine Phillips

Londres, 14 novembre 1973
Peu de gens ont participé à autant de cérémonies à Westminster que la reine Mère, qui a 73 ans. Le mariage de sa petite-fille, la princesse Anne, avec le capitaine Mark Phillips s'y déroule aujourd'hui. La princesse voulait un mariage simple. Elle a eu droit au mariage de la décennie ! Ce fut un spectacle extraordinaire, suivi par 500 millions de téléspectateurs. Elle est arrivée à l'abbaye avec son père, dans un carrosse en verre, les gens tendant le cou pour apercevoir sa robe, en soie brodée de perles, avec un col montant et des manches bouffantes du style Tudor. Après un somptueux repas à Buckingham, les mariés sont partis passer la première nuit de leur lune de miel à Thatched House Lodge (la maison au toit de chaume) dans le parc de Richmond avant de prendre l'avion pour la Barbade, où ils passeront quelques jours sur le yacht royal *Britannia* qui les y attend.

La princesse Anne a 23 ans, son mari en a 25. Anne a demandé que la télévision ne filme pas l'échange des alliances.

Le duc de Gloucester était le frère du roi

Londres, 10 juin 1974
Le duc de Gloucester est décédé, à l'âge de 74 ans. Il était le frère cadet d'Edouard et de George VI, et le dernier survivant des six enfants de George V. Il avait été un soldat qui préférait éviter ce qu'il appelait faire le prince. Il est devenu un excellent gouverneur général d'Australie. Sa disparition fait de la reine Mère la seule survivante des grandes crises de l'abdication et de la guerre.

Il voulait être soldat (à gauche).

Six mois de festivités pour les vingt-cinq ans de règne d'Elizabeth II

Londres, 7 juin 1977
La reine Elizabeth II fête le vingt-cinquième anniversaire de son accès au trône. Hier soir, elle a allumé un feu de joie à Windsor, le premier d'une longue chaîne de feux qui relie le Land's End aux Shetlands. Cette journée est marquée par un service solennel de remerciements, célébré à Saint Paul. Des acclamations ont accompagné le carrosse d'apparat doré et son escorte sur le trajet qui passait par Trafalgar Square, le Mall et les quais. Après le service, la reine s'est rendue à pied vers le Guildhall pour assister au déjeuner organisé par la municipalité. La foule était si dense qu'elle y est arrivée en retard, mais son bain de foule était un grand moment. Dans son discours, la reine a renouvelé sa promesse de servir son peuple, comme elle l'avait faite à 21 ans. Elle ne regrettait, ni retirait aucun mot de ce serment. Dans les rues et les villages, les Anglais font la fête à leur manière, dans une belle atmosphère de carnaval. On n'avait pas vu ça depuis 1945, l'Angleterre est en fête. Ces événements sont le point fort d'une série de festivités qui ont commencé le 6 février, jour anniversaire de son avènement. Le souvenir de la mort de son père est toujours présent, et la reine a passé ce week-end en famille, à Windsor. Le 10 février, elle est partie pour un voyage en Australasie, d'où elle est revenue en mars, pour débuter une série de six déplacements dans toute la Grande-Bretagne. Le 4 mai, elle a reçu les allocutions de fidélité des deux Chambres, et, dans sa réponse, la reine a indiqué que le thème de ce jubilé serait l'unité de la nation. Les fêtes sont loin d'être finies. Il y a d'autres voyages prévus au Canada et aux Antilles et encore beaucoup de chemin à parcourir à travers la Grande-Bretagne.

La cathédrale Saint-Paul est remplie de personnalités pour la cérémonie.

1978 - 1982

9 mai 1978. Le président de la Démocratie-chrétienne italienne, Aldo Moro, est assassiné par ses ravisseurs.

26 juillet 1978. Louise Brown, premier bébé éprouvette, naît à Manchester.

29 septembre 1978. Gerogi Markov, transfuge bulgare, meurt frappé par la pointe empoisonnée d'un parapluie à un arrêt d'autobus à Londres.

16 octobre 1978. Le cardinal polonais Karol Wojtyla est élu pape. Il choisit le nom de Jean-Paul II. Jean-Paul Ier est mort le 28 septembre dernier, trente-trois jours après son élection.

16 janvier 1979. Les partisans de l'ayatollah Khomeyni font fuir le shah d'Iran.

4 mai 1979. Margaret Thatcher est la première femme à être nommée Premier ministre en Europe.

21 novembre 1979. A Londres, Sir Anthony Blunt, expert en tableaux et conseiller auprès de la reine, se révèle être un espion de l'Union soviétique. Il est déchu de son titre de chevalier.

27 décembre 1979. L'Union soviétique envahit l'Afghanistan et impose Babrak Karmal, un dirigeant fantoche.

5 mai 1980. Assaut des sections du SAS sur l'ambassade d'Iran à Londres.

4 novembre 1980. Ancien comédien et gouverneur de Californie, Ronald Reagan est élu Président des Etats-Unis.

19 novembre 1980. La Grande-Bretagne suit avec frénésie la série américaine *Dallas* à la télévision. Chacun veut savoir qui a tué JR ? Les Français n'y échappent pas.

8 décembre 1980. Le Beatles John Lennon est assassiné à New York, devant chez lui.

25 janvier 1981. La veuve de Mao Zedong est condamnée à mort à Pékin.

30 mars 1981. Le Président Ronald Reagan échappe à un attentat.

5 mai 1981. L'Irlande est en deuil. Bobby Sands est mort en prison, après une grève de la faim de soixante-six jours.

10 mai 1981. François Mitterrand est élu président de la République.

13 mai 1981. A Rome, le pape Jean-Paul II est blessé dans un attentat.

3 avril 1982. L'Argentine envahit les îles Malouines. Ses troupes écrasent la petite garnison britannique.

L'IRA assassine Lord Mountbatten

County Sligo, 27 août 1979

Le comte Mountbatten de Birmanie a été assassiné par l'IRA, ainsi que son petit-fils, Nicholas, 14 ans, et un batelier, Paul Maxwell, 15 ans. Une bombe télécommandée a détruit son bateau, le *Shadow V*, alors qu'ils se préparaient à partir en famille pour une agréable partie de pêche en mer. La fille de Lord Mountbatten, Lady Brabourne, son fils Timothy, luttent pour la vie ainsi que sa belle-mère, la douairière Lady Brabourne. Chaque année, les Mountbatten venaient au château de Classiebawn, près de Mullaghmore, au bord de la mer, pour passer des vacances en famille. Cousin de la reine, il avait été mis en garde et prévenu qu'il était une cible pour l'IRA. Ce matin, vers 11 h 30, en quittant le port, le bateau a été déchiqueté par ce que les témoins ont décrit comme une « explosion ahurissante » qui a projeté la barque en l'air. Du matériel de pêche, des anoraks et des chaussures de tennis flottaient sur l'eau. Arrière-petit-fils de la reine Victoria, Mountbatten avait été, en 1942, commandant de contre-torpilleur pour devenir après commandant en chef des Alliés, en Asie du Sud-Est. Il était le dernier vice-roi des Indes. Il jouissait d'une position unique au sein de la famille royale. Il a élevé son neveu, le prince Philip, et organisé son mariage avec Elizabeth. Dernièrement, il a été le mentor de son fils, le prince Charles.

La famille Mountbatten, à bord de « Shadow V », sur la mer d'Irlande.

Elle se souvient du maréchal Montgomery

Londres, 6 juin 1980

Vainqueur de Rommel, héros de la Seconde Guerre mondiale, l'homme qui chassa les Allemands d'Afrique du Nord, à la tête de sa VIIIe armée, devait être immortalisé. Son surnom de « Monty » est gravé dans toutes les mémoires. La statue du maréchal Montgomery se dresse à Whitehall. La reine Mère avait l'honneur de présider l'inauguration. Au jour J, il y a trente-six ans, « Monty » était à la tête des troupes du débarquement sur les plages de Normandie.

Sa rigueur, sa sévérité et son sens tactique en faisaient un grand maréchal.

La reine Mère montre qu'elle n'a rien perdu de son talent au billard. Le 4 mars 1980, elle inaugure à Londres le *Mayflower*, un club de jeunesse. Quand elle déclare aux jeunes gens : « J'ai bien peur de manquer d'entraînement », un des garçons s'exclame : « Ça alors, j'aimerais être capable de jouer comme vous ! »

Un mariage de conte de fées pour Charles et Diana

Lorsque les époux ont quitté Buckingham, les frères du prince ont suspendu au carrosse l'écriteau « Just Married ».

Londres, 29 juillet 1981
Ils font rêver les amoureux et celles qui souhaitent le devenir. Le conte de fées de la belle Diana se poursuit comme l'auteur le plus romantique l'aurait imaginé. Elle se marie avec son prince charmant, à la cathédrale Saint Paul, devant un parterre de personnalités qui compte tout ce qu'il est possible de rassembler en têtes couronnées. Couple superbe, Charles et Diana, radieux, régalent les millions de téléspectateurs qui suivent le déroulement de cette belle journée, grâce à l'Eurovision. Mr Runcie, archevêque de Canterbury, n'a pu s'empêcher de dire : « c'est ainsi que les contes de fées sont faits ». Diana est arrivée au bras de son père, le comte Spencer. Comme la reine Mère, elle est la fille d'un comte, mais, pour la famille royale, Diana est considérée comme une roturière. Elle a été adoptée par les Britanniques, qui l'imaginent déjà en reine. Sa beauté, son élégance et sa douce timidité lui valent les éloges de la presse du monde entier. Les grands magazines lui ont consacré de superbes reportages et, depuis ses fiançailles avec le prince de Galles, Diana est devenue vedette. Elle est espionnée, suivie à chaque instant par une meute de photographes qui guettent chacun de ses mouvements. Elle a tout juste 20 ans. Ce matin, elle est partie de Clarence House, la demeure de la reine Mère, qui l'a prise sous son aile depuis quelques temps et lui a appris tous les détails du protocole. Car Diana va épouser l'héritier du trône. Sa longue robe en soie, ondoyante, de couleur crème, a été dessinée par David et Elizabeth Emmanuel. Pendant le trajet vers la cathédrale, elle saluait timidement de la main, assise au fond de son carrosse. Quand ils sont apparus au balcon du palais, ils ont échangé un baiser qui a secoué le protocole et ravi le monde entier.

Paris retrouve le charme de la reine Mère

Paris, 1982
La reine Mère a conquis Paris tout comme elle l'avait fait lors de sa première visite, en 1931, en tant que duchesse de York. Elle et son mari avaient été escortés par le maréchal Lyautey, qui était tombé sous son charme. Le président Mitterrand, autre charmeur de dames, a aussi été séduit par cette dame de 82 ans, pleine de vivacité, et qui parle très bien le français. Partout, pendant cette visite, à moitié privée, elle fut entourée des Parisiens qu'elle adore

François Mitterrand reconduit la reine Mère au perron de l'Elysée.

La Grande-Bretagne reprend les Malouines

Les Malouines, 14 juin 1982
Les Argentins ont capitulé aux îles Malouines et l'Union Jack flotte à nouveau à Port Stanley. Madame le Premier ministre a dit, tard ce soir, aux Communes, qui l'acclamaient, que la victoire a été acquise grâce à une opération organisée avec belle hardiesse, courageusement exécutée et brillamment accomplie par des soldats professionnels. Les combats se sont achevés lorsque les troupes de Sa Majesté ont fait tomber les dernières défenses autour de Port Stanley. Après de violents combats contre des défenseurs retranchés, les Britanniques ont vu leurs ennemis repartir vers la ville, et, peu après, des drapeaux blancs sortir du sol, comme des fleurs. Un contact a été alors établi entre un officier anglais qui parlait espagnol et le général de brigade Menendez, le commandant argentin. Un cessez-le-feu fut décidé et la fragilité de ses positions a été exposée à Menendez. Peu de temps après, le général de brigade Jeremy Moore pouvait cabler à Londres : « Les îles Malouines sont à nouveau dirigées par ceux que leurs habitants ont choisis. Dieu garde la reine. » Elizabeth II a deux raisons d'être ravie : les Malouines ont été reprises et son fils est sain et sauf. Andrew est dans la Royal Navy où il pilote un hélicoptère. Le public, massé au 10, Downing Street, a applaudi le Premier ministre et lui a chanté : « For She's a Jolly Good Fellow », « Rule Britannia », pour entonner enfin l'hymne national. Elle avait dit au Parlement : « Nous avons fait ce que nous avions à faire, la Grande-Bretagne sort grandie de la guerre. » Il y a cependant un prix à payer pour cette grandeur : hier soir, les noms de cinquante-six soldats et marins, tués au cours des attaques aériennes argentines sur les HMS *Sir Galahad* et *Sir Tristram*, ont été publiés. La guerre a tué 255 Anglais et 652 Argentins.

1982 - 1989

7 juillet 1982. La reine est réveillée par un intrus. Un ivrogne, Michael Fagan, a réussi à entrer dans sa chambre, au palais de Buckingham.

6 septembre 1983. L'Union soviétique admet avoir abattu un Boeing 747 coréen, tuant les 269 passagers, près des îles Sakhaline.

15 septembre 1984. Lady Di, la princesse de Galles, donne naissance à un second fils. Né ce matin à l'hôpital de St Mary, à Paddington, il portera le nom de prince Henry. Charles était présent à l'accouchement.

12 octobre 1984. L'IRA tente d'éliminer le gouvernement en faisant exploser une bombe au « Grand Hôtel » de Brighton, où se tient la conférence des Conservateurs, sous la direction de Margaret Thatcher.

28 janvier 1986. Explosion de la navette spatiale Challenger peu après le décollage. Les sept astronautes sont morts.

18 octobre 1986. Premier voyage en Chine de la reine Elizabeth II et du prince Philip d'Edimbourg.

15 février 1987. Le prince Edouard se réfugie chez sa sœur Anne après avoir quitté le corps des Marines. Il ne s'était pas présenté à son unité le 6 janvier dernier.

13 juin 1987. Anne, sous la pression de la famille royale, accepte de porter le titre de princesse royale, laissé vacant depuis la mort de la princesse Mary en 1965.

10 février 1988. Décès de Marion Crawford à Aberdeen. Elle avait 78 ans. Connue sous le nom de *Crawfie*, elle a été la gouvernante des deux filles de la reine Mère pendant quinze ans. Elle est tombée en disgrâce pour avoir publié ses mémoires.

10 mars 1988. Le prince Charles échappe à la mort dans une avalanche près de Klosters.

8 août 1988. Naissance de Beatrice, fille du prince Andrew, duc d'York et de Sarah Ferguson.

7 avril 1989. Au cours d'un dîner au château de Windsor, la reine Elizabeth II accepte l'invitation de Mikhaïl Gorbatchev à se rendre en Union soviétique.

10 novembre 1989. Chute du mur de Berlin.

3 décembre 1989. Mikhaïl Gorbatchev et George Bush déclarent la fin de la guerre froide au sommet de Malte. Le communisme commence à s'écrouler en Europe.

L'arrière-petit-fils de la reine Mère est baptisé prince William

Londres, 4 août 1982

Ce bébé, qui est le deuxième dans l'ordre de succession au trône, a été baptisé William Arthur Philip Louis dans la salle de musique du palais de Buckingham. Il n'était pas vraiment habillé de neuf puisque la robe qu'il portait, faite en satin crème et en dentelle d'Honiton, a déjà servi aux baptêmes des enfants de la reine Victoria ! Il s'est très bien conduit pendant la cérémonie célébrée par l'archevêque de Canterbury. Quatre générations de la famille royale étaient présentes : la reine Mère, la reine Elizabeth et le prince Philip, le prince et la princesse de Galles, et enfin le bébé qui, s'il devenait roi, régnerait sous le nom de William V. Né à Paddington le lundi 21 juin, à l'hôpital St Mary, il pesait 2,7 kilos et avait, selon le père, très fier, « une mèche de cheveux, plutôt blonds, et des yeux bleus ». La réaction de la reine, quand elle l'a vu, a été : « Dieu merci il n'a pas les oreilles de son père. » Ses jeunes parents l'adorent ainsi que ses grands-parents et son arrière-grand-mère, mais la famille royale se soucie pour la maman. Elle souffre d'une dépression post-natale et a perdu du poids. La princesse Diana souffrirait d'une anorexie mentale, la maladie de celles qui veulent à tout prix perdre du poids. Le fameux surnom « Lady Di » et l'obsession de la presse sont devenus difficiles à supporter. La reine a dû demander aux éditeurs de rappeler vers eux leurs photographes et de lui laisser un peu de vie familiale, sans être sur ses traces en permanence.

Quatre générations réunies au palais de Buckingham pour le baptême.

Les truites ont bien failli l'emporter...

Londres, 22 novembre 1982

Alors qu'elle dînait avec des amis, la reine Mère s'est étranglée et a dû être emmenée d'urgence à l'hôpital, où les chirurgiens lui ont retiré une petite arête de truite, coincée dans la gorge. « Après ces années de pêche, les poissons se vengent », a-t-elle dit.

La reine Mère quitte l'hôpital.

La duchesse de Windsor est morte à Paris

Paris, 24 avril 1986

Depuis de longs mois, elle ne parlait plus, réservant ses quelques rares mots à son notaire. Elle veillait à ce que les ventes de ses meubles, objets d'art et bijoux se déroulent bien et que rien de sa fortune ne retourne à la famille royale. L'institut Pasteur et d'autres œuvres de charité lui doivent une grande reconnaissance. La duchesse languissait seule, avec ses domestiques et deux infirmières, dans la superbe maison de maître, entourée d'un beau parc, au bois de Boulogne. Elle est morte dans les bras de son infirmière, Marylyse Guillemot, sans dire un mot. Elle sera embaumée par les spécialistes de Buckingham et reposera à côté de son mari, à Windsor.

Depuis des mois, elle vivait allongée. Elle était soignée toutes les deux heures.

Un style nouveau s'installe à Buckingham

Andrew, duc de York, épouse Sarah, fille de l'entraîneur de polo de Charles.

Londres, 23 juillet 1986
Le prince Andrew a épousé Sarah Ferguson, une rousse pétillante, fille de l'entraîneur de polo de Charles, à l'abbaye de Westminster. Quelques minutes avant, la reine avait nommé son fils Andrew duc de York, titre qui appartenait à George V. Sarah est désormais la duchesse de York. La mariée portait une longue robe, très décolletée, dessinée par Linda Cierach. On y trouvait, entrelacées, les initiales « S » et « A ». La foule, venue comme d'habitude en masse, pour admirer la belle procession des carrosses, a applaudi les nouveaux mariés, apparus au balcon du palais, où ils ont répété la scène du baiser, lancée par Charles et Diana. Les ancêtres du duc de York ont, sans doute, bondi dans leur tombe! Le yacht *Britannia* les attend.

Une touffe de trèfle irlandais garnit le képi

La reine Mère et les gardes irlandais, strictement sélectionnés par la taille.

Londres, 17 mars 1987
C'est aujourd'hui la Saint Patrick, et la reine Mère s'acquitte d'une tâche qu'elle affectionne chaque année : la présentation des bouquets de trèfle aux gardes irlandais. Ils portent ces frondes vertes sur leurs képis et les gardes offrent à la reine Mère un bouquet identique qu'elle épingle à sa veste. Elle suit cette tradition, qui a été lancée, en 1901, par la reine Alexandra, depuis l'époque de son mariage. Chaque fois, elle pose pour être photographiée, assise au milieu des gardes irlandais, splendides dans leurs tuniques rouges. Le gin-tonic est rituel après la cérémonie. Elle le prend avec les officiers et ensuite, comme la date correspond au point culminant de la saison du National Hunt, elle se rend aux courses ou les suit à la télévision.

Ils divorcent ou font des scandales

Londres, 31 août 1989
Le palais de Buckingham a annoncé que la princesse royale Anne et le capitaine Mark Phillips ont décidé de se séparer, après quinze ans de mariage et deux enfants. La reine Mère prend très mal la chose, elle qui croit beaucoup à la sainteté du mariage. Elle avait déjà été peinée des ennuis de la princesse Margaret. Ce n'est qu'un des problèmes qui secouent Buckingham! Le prince Charles et Lady Diana montrent à tous que leur séparation est un fait et non un commérage de la presse populaire. Le surprenant mode de vie du duc et de la duchesse de York remplit la une des quotidiens. La démission du prince Edouard de la Navy n'est pas bien appréciée des traditionalistes. Il y a, enfin, de plus en plus de réclamations politiques pour que la reine Elizabeth, connue pour être la femme la plus riche du monde, paye des impôts, comme les autres citoyens britanniques.

La reine Mère, bien emmitouflée, se promène avec un de ses corgis sur la plage de Sandringham. Elle semble seule, songeant peut-être aux jours anciens, sans divorces ou scandales, où elle y marchait avec son mari, George VI.

1990 - 1993

11 février 1990. Le président de Klerk lève l'interdiction de l'ANC et libère Nelson Mandela de prison.

22 novembre 1990. Après des semaines de désaccord avec son parti, Margaret Thatcher démissionne.

25 janvier 1991. La princesse Diana aurait un amant. Le *Sun* posséderait l'enregistrement d'une tendre conversation téléphonique entre elle et un certain James Gilbey, qui l'appelle *Squidgy*.

24 février 1991. Après une offensive de cent heures, les forces alliées écrasent les divisions irakiennes et libèrent le Koweït.

12 juillet 1991. Le *Sun* ose publier une photo du prince Andrew nu, prise en 1985.

29 mars 1992. Mort du comte John Spencer, père de la princesse Diana.

12 juin 1992. Fin d'une visite de trois jours en Aquitaine de la reine Elizabeth II.

20 août 1992. Buckingham ne peut éviter la publication, dans le *Daily Mirror*, de photos de la duchesse d'York, Fergie, où on la voit, les seins nus, sur une plage française, en compagnie de son ami John Bryan.

24 août 1992. Le *Sun* offre la possibilité à ses lecteurs d'écouter, au téléphone, des extraits de la conversation entre la princesse Diana et son amant. Ils sont 124 000 à payer 4 F la minute pour écouter Lady Di !

4 novembre 1992. Bill Clinton est élu Président des Etats-Unis.

26 novembre 1992. Le palais annonce que la reine Elizabeth payera des impôts sur sa fortune personnelle.

25 décembre 1992. La princesse Diana et la duchesse d'York, Fergie, ne participent pas à la traditionnelle réunion de la famille royale pour Noël, à Sandringham.

26 janvier 1993. Le *Britannia*, yacht de la famille royale, qui coûte 11 millions de livres par an en frais d'entretien, pourrait être retiré du service.

1er mars 1993. La princesse Diana est à Katmandou. C'est son premier voyage à l'étranger sans son mari.

3 décembre 1993. La princesse Diana annonce qu'elle se retire de la vie publique. Les larmes aux yeux, elle a dit à un repas de charité : « J'espère que vous me comprenez et me donnerez le temps et la liberté que je n'ai pas eus ces dernières années. »

L'ancien empire célèbre ses 90 ans

Londres, 4 août 1990
La reine Mère a 90 ans aujourd'hui. Elle est la première souveraine de la longue histoire britannique à avoir atteint ce grand âge. Les festivités ont commencé le jeudi 28 juin. Elle est arrivée, en carrosse découvert, à Horseguards Parade, pour assister à un spectacle somptueux donné en son honneur. Le mercredi 1er août, elle a fait un tour nostalgique des rues de l'East End, endroit qu'elle avait visité il y a cinquante ans, pendant le Blitz. Les membres des familles qu'elle avait réconfortées l'ont accueillie, et elle leur a dit : « Je suis ravie d'être revenue. » Après, elle est montée à bord du *Britannia*, amarré dans le bassin de Londres, pour un dîner familial et assister à un magnifique feu d'artifice.

Le baiser plein de respect d'un jeune admirateur de l'East End.

Controverse autour d'une statue

Londres, 31 mai 1992
La reine Mère a dévoilé la statue de Sir Arthur Harris, le stratège de la RAF qui, lors de la Seconde Guerre mondiale, organisait les missions de bombardement sur le Reich. Erigée face à l'église Saint Clement Danes, l'église de la RAF se trouve dans le Strand. Elle a donné l'occasion à des manifestants de protester contre cet ancien officier, jugé par eux comme un assassin. Dix personnes ont été arrêtées ; des jets de pierres vers la statue ont perturbé la manifestation. A travers cet homme, la reine Mère honorait les victimes du conflit.

Sir Arthur, stratège des bombardiers.

La reine Mère était au remariage d'Anne

Balmoral, 12 décembre 1992
La princesse royale, que les Ecossais appellent « *wee Annie* », a épousé le commandant Timothy Laurence, un officier de la Royal Navy, d'origine juive, dans la petite église en pierre de Crathie. Rien ne ressemblait à la pompe de son premier mariage avec le capitaine Mark Phillips, dans l'abbaye de Westminster. Cette fois, la princesse et son nouveau mari, accompagnés de Peter et Zara, les enfants d'Anne, ont échangé leurs serments au cours d'une cérémonie toute simple. Les quelques invités portaient des vêtements de ville, et seuls deux joueurs de cornemuse ont égayé leur sortie de l'église. Ni Lady Di ni Fergie, séparées de ses frères, n'étaient présentes. La reine Mère s'y trouvait. Les rumeurs la disaient opposée au remariage des membres de sa famille divorcés. Il semble que la pression de la reine Elizabeth II, mère de la mariée, et son amour pour Anne aient prévalu.

Quelques journalistes ont trouvé l'endroit secret où le mariage a été célébré.

Windsor, en feu, termine une année dramatique

Londres, 20 décembre 1992
Personne ne niera que 1992 aura été la pire année pour la famille royale depuis l'époque de l'abdication du roi Edouard VIII. Au Guildhall, à l'occasion du banquet qui célébrait le quarantième anniversaire de son règne, la reine Elizabeth II a qualifié cette année d'« annus horribilis ». Il y a eu le divorce et le remariage de la princesse Anne, la séparation des York, la publication des fameuses photographies de Fergie s'ébattant les seins nus et se faisant sucer les orteils par son conseiller financier, John Bryan, un Texan. Il y a eu les problèmes cauchemardesques entre Charles et Lady Di, entourés d'une flambée de récriminations. Enfin, le vendredi 20 novembre, le château de Windsor, sa résidence principale, a été très sérieusement endommagée par un incendie. Le feu a pris dans un spot lumineux et s'est ensuite propagé à un rideau. Une peinture, posée dans la chapelle privée, aurait poussé le rideau contre l'ampoule. Les flammes ont très vite gagné les appartements, situés dans la partie nord-est de la cour supérieure, en détruisant une partie du toit et en affaiblissant la structure. La plupart des œuvres d'art ont été préservées grâce au personnel, mené par le duc de York. Ils ont sauvé les objets de valeur, en constituant une chaîne humaine. Le coût des réparations de la structure du château pourrait se monter à 60 millions de livres. Il n'est pas surprenant que la reine, dans son discours à Guildhall, ait imploré qu'on la traite aujourd'hui avec compréhension. Elizabeth II a vécu de mauvais moments !

Le feu s'est déclaré peu avant midi, il a fallu sept heures pour le maîtriser.

La reine ne peut en croire ses yeux.

Sun 25p

Wednesday, January 13, 1993 25p Today's TV: Pages 24 and 25

Another Royal scandal... How much more can WE take

6MIN LOVE TAPE COULD COST CHARLES THRONE

Le scandale éclate le mercredi 13 janvier 1993. La presse britannique, sans cesse à la recherche de sensationnel dans le domaine des relations intimes des personnalités politiques ou royales, a déniché une affaire de premier choix. Un journal publie la transcription d'une conversation de six minutes, supposée être entre Charles et Camilla, épouse du général Parker-Bowles. Ils s'excitent en parlant de leurs ébats sexuels ! Camilla serait la femme que Charles a toujours aimée et qui aurait causé les déboires de Diana.

Elle n'oubliera jamais les 11 Novembre

Londres, 11 novembre 1993
La reine Mère est avec les vétérans des deux Guerres mondiales, dans le cœur de l'abbaye de Westminster, pour assister au service consacré à la mémoire des soldats. Ce jour est le 75e anniversaire de l'armistice qui a mis fin au carnage de la Première Guerre mondiale, à 11 heures. La reine Mère n'a jamais manqué une cérémonie de l'armistice ou encore le dimanche commémoratif, quand les vétérans défilent, avec médailles et drapeaux, devant le mémorial. Chaque année, elle frémit quand, à Whitehall, dans ce décor particulier et un profond silence, le clairon fait retentir la sonnerie aux morts. Elle se souvient. Habillée de noir, son chapeau garni de fleurs blanches et avec deux coquelicots de papier épinglés à son revers, elle est arrivée à l'abbaye rejoindre la congrégation de deux mille personnes, pour un service où les cantiques succèdent aux lectures. Elle est debout, comme tous les autres quand *Big Ben* sonne l'heure fatidique. Elle est aussi allée, comme chaque année, déposer une couronne de fleurs sur la tombe du soldat inconnu. C'est à cet endroit, il y a soixante-dix ans, qu'elle avait laissé son bouquet de mariée. Après, elle a planté une croix dans l'*Enclos du souvenir*, situé dans les jardins de l'église Sainte Margaret et, s'aidant de son parapluie pour marcher, la reine Mère s'est, à nouveau, dirigée vers les vétérans pour leur parler. Avec une voix pleine d'émotion, elle leur a déclaré lentement : « En 1940, nous étions tous unis alors, et nous avons gagné. »

Que de souvenirs derrière ce visage !

1994 - 1995

14 janvier 1994. La duchesse de Kent est la première personne de la famille royale à opter pour la religion catholique.

18 janvier 1994. Le prince Charles, qui souffre du dos, décide d'abandonner le polo.

6 mai 1994. A Folkestone et à Coquelles, la reine Elizabeth II et le président François Mitterrand inaugurent le tunnel sous la Manche.

9 mai 1994. Lady Victoria Wemyss, filleule de la reine Victoria et ancienne dame de compagnie de la reine Mère, meurt à l'âge de 104 ans.

23 juin 1994. Le gouvernement britannique décide de décommissionner le yacht royal *Britannia*.

30 juin 1994. Au cours d'une émission télévisée, le prince de Galles confirme qu'il a trompé sa femme, la princesse Diana. Il précise que sa conduite a changé quand il s'est aperçu que leur union était détruite.

3 octobre 1994. Le major James Hewitt confirme, dans l'ouvrage *Princess in Love*, qu'il a été l'amant de la princesse Diana pendant cinq ans.

17 octobre 1994. Selon la biographie écrite par Jonathan Dimbleby, le prince Charles parle de son mariage comme d'une union sans amour.

20 octobre 1994. Premier voyage en Russie de la reine Elizabeth II.

19 janvier 1995. Camilla Parker-Bowles, amie du prince Charles, divorce de son mari Andrew, par consentement mutuel.

8 février 1995. La princesse Diana verse à des œuvres de charité l'importante somme qu'elle a obtenue du groupe de presse MGN. Un de ses quotidiens avait publié des photos de la princesse que cette dernière jugeait indécentes.

13 février 1995. Le duc de Kent représente la reine Elizabeth II à Dresde. La ville célèbre le 50ᵉ anniversaire des bombardements de la Seconde Guerre. Le duc déclarera : « Nous regrettons sincèrement les victimes des deux camps de cette guerre. »

20 mars 1995. Visite de la reine Elizabeth II en Afrique du Sud. Elle déclare y être revenue pour constater le miracle qui s'y est produit.

19 juin 1995. Au cours d'une réception privée au château de Windsor, la reine Elizabeth II remet l'Ordre de la Jarretière à Lady Thatcher.

Pour le prince Charles, grand-mère

Beau record de victoires au steeple-chase

Narco Bay, au centre, et les autres chevaux de la reine Mère, en promenade.

Uttoxeter, 13 mai 1994
Narco Bay a 10 ans. Magnifique cheval d'origine néo-zélandaise, il offre à son illustre propriétaire une 400ᵉ victoire au *National Hunt*, en remportant le *Neville Lumb Silver Jubilee Handicap Chase*. Jamais un propriétaire n'avait compté autant de victoires dans l'histoire du steeple-chase. La reine Mère a découvert ce type de course avec obstacles le jour où Lord Mildmay l'a convaincue, ainsi que sa fille Elizabeth, d'acheter *Monaveen*. Ce cheval avait gagné la coupe en 1949, sous les couleurs de la reine. Sa fin tragique, au cours d'une épreuve, avait fort traumatisé la jeune Elizabeth, alors que sa mère continuait à participer à ces courses, passionnantes mais dangereuses. Le major Olivier Elwood a obtenu, il y a trois mois, le report de sa mission en Bosnie afin de pouvoir monter *Keep Talking*, un autre cheval des écuries de la reine, dans la *Grand Military Cup*. Elwood fut éjecté à un des obstacles. Le major partit pour la Bosnie malheureux, mais consolé par la propriétaire qui ne lui en tient vraiment pas rigueur.

Elle parie au Derby

Au Derby, avec la princesse Anne.

Epsom, 1ᵉʳ juin 1994
Si les courses de steeple-chase sont exaltantes et souvent cruelles, les épreuves de plat ont aussi leur charme. Il en est une que la reine Mère ne rate jamais, c'est celle du Derby. C'est, en fait, une grande fête qui dure toute la journée et qui, par certains aspects, ressemble à un carnaval. Le Tout-Londres se côtoie et les pelouses d'Epsom deviennent, pour quelques heures, un lieu de pique-nique. Aujourd'hui, c'est la 215ᵉ édition de l'épreuve. *Erhaab*, monté par Willie Carson a gagné.

Sa plus vieille amie s'en est allée

Londres, 21 mars 1994
Lady Hambleden était la dernière personne encore en vie parmi les proches qui avaient vécu au service de la reine Mère et de George VI. Patricia Hambleden a été une fidèle dame de compagnie, à son service pendant cinquante-sept ans. Elle était encore avec la reine Mère quand elle dévoila, en juin dernier, une statue du général de Gaulle, à Carlton Gardens. Lady Hambleden faisait partie de la famille Herbert. Depuis les Tudor, on retrouve des membres de cette famille au service des rois et des reines d'Angleterre. Informée de tout ce que sa reine ne pouvait ignorer, Lady Hambleden jouait un rôle important.

Le 5 juin 1994, le « Britannia » quitte Porstmouth pour la Normandie où il participera aux cérémonies d'anniversaire du débarquement. La reine Mère n'est pas à bord mais elle assistait à la messe du souvenir.

est toujours aussi active, elle reste infatigable

Chelsea Hospital, cinquante ans de charité

Elle quitte l'hôpital de Chelsea où des blessés de Normandie étaient soignés.

Chelsea, 30 juin 1994
En 1944, alors que les combats se déroulaient sur le territoire français, la reine avait créé, avec George VI, un fonds destiné à venir en aide aux soldats blessés et à leur famille. Les *Chelsea Pensioners*, ceux qui sont passés par l'hôpital de Chelsea, se souviennent, ce matin, de cette belle œuvre de charité qui en a sauvé beaucoup d'une détresse inévitable. La cérémonie d'anniversaire a été haute en couleur et en émotion. Huit maréchaux de divers corps d'armée, accompagnés d'un détachement et de l'étendard de chaque régiment, ont accueilli la reine Mère. Ce fonds bénévole aux armées de Sa Majesté existe toujours et l'initiative de sa fondatrice reste dans les mémoires.

Tous à Clarence House pour l'anniversaire

Londres, 4 août 1994
Alors qu'il était en voyage officiel en Australie, le prince Charles déclarait au sujet de sa grand-mère : « Elle est infatigable, rien ne peut l'arrêter. La reine Mère est une personnalité extraordinaire et exceptionnelle. » Aujourd'hui, à l'occasion de son 94e anniversaire, comme chaque année, une foule s'est rassemblée devant sa résidence, Clarence House. Un peu courbée, s'appuyant sur une canne, elle est sortie pour les saluer et serrer les mains qui se tendaient vers elle. Des enfants se bousculaient, tentant de passer sous les bras des policiers, pour lui donner leurs cartes de vœux ou encore des fleurs. Entourée de ses admirateurs, elle leur déclara : « Je suis si contente de vous revoir ici et de me retrouver parmi vous. » Elle a reconnu Eric Dunnington. Il lui a offert son traditionnel gâteau d'anniversaire, décoré de pêches et d'oranges glacées. Certains avaient même apporté du champagne qu'ils avaient versé dans des gobelets en plastique. « Ne vous tracassez pas pour la présentation, leur dit-elle en buvant quelques gorgées, j'ai soif ! »

Avec le bouquet d'un admirateur.

La fanfare des Grenadiers a entamé un *Happy Birthday to you*, repris en chœur par des milliers de voix. Dans Hyde Park et à la Tour de Londres, des canons saluaient de plusieurs salves l'anniversaire de cette grande reine. La cérémonie, aussi imprévue qu'émouvante, a pris fin quand la reine Mère se retira pour dîner en famille. Elle est en vacances ce soir.

Le 14 juillet, à Londres, la reine Mère assistait au mariage de sa petite-fille Lady Sarah Armstrong-Jones avec l'artiste Daniel Chatto. Après la cérémonie religieuse, à l'église St Stephens, elle et le prince Charles ont reçu les invités à Clarence House.

L'Afrique du Sud est rentrée au bercail

Londres, 20 juillet 1994
Ce matin, la reine Mère a assisté à l'office célébré à Westminster pour fêter le retour de l'Afrique du Sud au sein du Commonwealth. Il y a trente-trois ans que les événements politiques dans ce vaste pays avaient obligé Londres à écarter ce puissant et précieux allié économique. Dans son style enthousiaste, l'archevêque de la ville du Cap, Mr Tutu, déclara à l'assistance : « L'Afrique du Sud, ainsi que le fils prodigue, est revenue au foyer familial où elle y reçoit un accueil royal. Je ne peux que vous dire : Youppie ! » L'évêque Trevor Huddleston, vétéran acharné de la lutte contre l'apartheid, dirigeait les prières alors que les chœurs de la chorale de Seweto chantaient *Peace Song for South Africa*. Après cette cérémonie, la reine Elizabeth II et le prince Philip ont offert une garden party à Marlborough House.

Personne n'échappe au poids des années

Londres, 10 novembre 1994
Alors qu'elle passait ses vacances en Ecosse, la reine Mère s'est blessée à la cheville. A son grand désespoir, elle a annulé tous ses engagements officiels et n'a pas assisté, pour la première fois, aux cérémonies du *Remembrance Day*. Ce matin, dans un communiqué officiel, le palais de Buckingham faisait savoir que, si la blessure n'était pas très grave, elle obligeait une personne de son âge à prendre une période de repos. Déjà, en janvier, une infection pulmonaire l'avait obligée à rester alitée un long moment. A 94 ans, Elizabeth souffre d'arthrite et des cataractes voilent progressivement ses yeux. Elle est donc forcée de prolonger son séjour en son château de Mey.

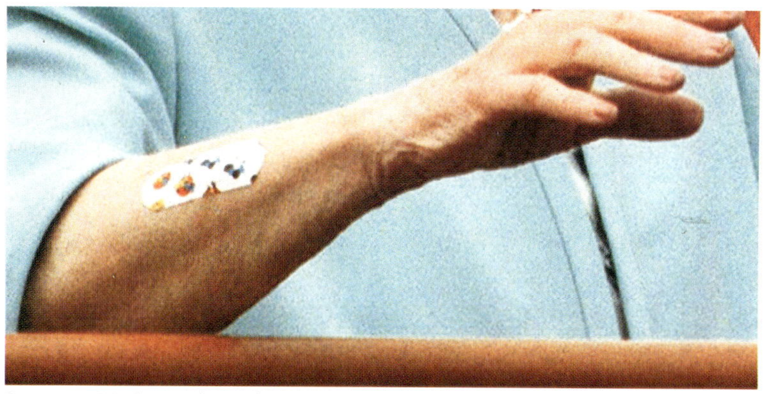

De petits Mickey colorés décorent un pansement posé sur son bras droit.

Ces jours rappellent à la reine Mère des heures

La reine Elizabeth II lui rend hommage

Londres, 5 mai 1995
Pour les Anglais, c'était le VE Day. Pour les Français, c'était le jour de la victoire, celui de la capitulation des Allemands, le 8 mai 1945. Une cérémonie à Westminster Hall, ce matin, était le point de départ des festivités qui commémorent ce jour, à jamais associé au mot liberté. Tous les membres du Parlement, ceux de la Chambre des Lords, les anciens élus et leur famille étaient réunis pour entendre le discours de la reine Elizabeth II, en présence de sa mère, qui, au côté de feu George VI a vécu et dirigé les Britanniques dans ces moments dramatiques. L'instant est solennel et beaucoup se souviennent que ce lieu à survécu à un incendie provoqué, en 1941, par une bombe allemande. Il y eut aussi des larmes et la reine Mère a frémi quand elle a entendu sa fille dire : « Ensemble, remercions Dieu pour l'heureuse fin de cette époque tragique. Je me souviens de mon père et de ma mère qui nous parlaient du courage et de la détermination de toute la nation, unie et solidaire derrière eux. Ces souvenirs resteront à jamais gravés dans ma mémoire. »

La reine Mère est manifestement émue en écoutant les propos de sa fille.

Cet anniversaire est aussi le sien

Buckingham, 8 mai 1995
Au moment où elle est apparue à ce même balcon du palais, entourée de ses filles, la reine Elizabeth II et la princesse Margaret, ceux parmi la foule qui avaient connu le VE Day ont dû penser à la même chose que la reine Mère. Ce jour-là, en 1945, il y avait à ses côtés, son mari, le roi George VI et Winston Churchill. De tous ces personnages célèbres de la Seconde Guerre mondiale, elle reste seule encore en vie. Ike Eisenhower, Monty, Lord Mountbatten, Charles de Gaulle, tous ont disparu et la vie la laisse seule devant ces vétérans qui, comme elle, s'appuient sur une canne pour assister aux cérémonies du souvenir. Il y a deux jours, ils étaient 20 000 à Hyde Park, tous des vétérans. Face au palais, ce matin, la foule s'étend jusqu'à Pall Mall. Les regards ont scruté le ciel quand les vrombissements caractéristiques des chasseurs ou des bombardiers de la Seconde Guerre ont précédé leur passage, au-dessus du palais. *Spitfire* et *Lancaster* volaient en formation. En ce jour, la reine Mère apparaît vraiment comme le symbole le plus solide de la monarchie britannique.

Jour du trèfle des Gardes irlandais

Londres, 17 mars 1995
Les bouquets de trèfle distribués par la reine Mère aux Irlandais des casernes de Chelsea viennent directement de leur pays. Pour la 70e fois, elle fête la St Patrick avec les Gardes irlandais. Son âge ne lui a rien enlevé de sa prestance, mais elle semble plus minuscule encore aux côtés de ces géants habillés d'uniformes prestigieux. Pour la première fois cette année, la reine Elizabeth II assistait aussi à la cérémonie. La mère et la fille avaient agrafé à la veste de leur tailleur le bouquet de trèfle offert à leur arrivée par le commandant du régiment. La présence de la reine n'a rien ôté au côté familial qui a toujours régné à cette fête.

Avec ces héros qui avaient reçu la « Victoria Cross » ou la « George Cross ».

Lady Di : Dallas à Buckingham

Londres, 29 juin 1995
Pour la somme de 50 000 livres sterling, Andrew Morton a ajouté un nouveau chapitre à son livre *Diana : sa vraie histoire*. Avec ces nouvelles pages consacrées à la vie intime de la princesse, Morton a déchaîné les protestations du palais. Un communiqué officiel de Buckingham dément les lignes où Morton parle de vie monacale, imposée par le palais à Lady Di. Selon Morton, Diana ne pouvait avoir d'amis et sa résidence de Kensington Palace lui donnait l'impression d'être enfermée dans un cloître. Il ne lui restait que le téléphone pour rester en contact avec la vie extérieure. Tout cela est faux, dit Buckingham.

de gloire, la force et le courage de ses Anglais

Pouvait-elle imaginer, il y a exactement cinquante ans, qu'elle se retrouverait aujourd'hui à ce même balcon, entourée de ses filles, pour cet anniversaire ?

Ce jour-là, le mardi 8 mai 1945, avec ses deux filles, George VI et Winston Churchill étaient ovationnés avec elle.

19 juin 1995. Le colonel de la RAF Peter Townsend est mort, ce matin, à son domicile parisien, à l'âge de 80 ans. Il y vivait un exil heureux avec sa seconde épouse, Marie Luce, une Belge, et leurs trois enfants. Peter Townsend se consacrait à l'écriture de divers ouvrages. Pour ses voisins, il était un homme agréable, archétype de l'officier anglais et du gentleman. Le souvenir de sa romance avec la princesse Margaret part avec lui.

Les principales résidences royales de Grande-Bretagne

DICTIONNAIRE
CHRONOLOGIQUE
ILLUSTRE

A

B

D

E

F

H

Le château de Harewood.

Crédits photographiques

Certaines erreurs d'attribution ont pu être commises. Nous prions l'agence propriétaire des droits de nous excuser et lui demandons de bien vouloir nous contacter aux fins de rectification. La position des illustrations est indiquée de la façon suivante : h=haut, b=bas, m=milieu, g=gauche, d=droite, x= milieu gauche, y=milieu droite.

Tous les credits photos de ce livre appartiennent à l'agence Hulton Deutsch, sauf :

7– Popperfoto, bd. **41**– Popperfoto, bg. **44**– Roger viollet, h. **52**– Keystone, mg. **56**– Poperfoto. **62**– Magnum, bd. **73**– Topham, bd. **79**– Topham, bg, bx, by, bd. **88**– Mirror Syndication International, bg, hd. **89**– Syndication International, hg – Mirror Syndication International, bd. **90**– Mirror Syndication International, bg, hd – Syndication International, bd. **92**– Express Newspaper, hg – Mirror Syndication International, hd – Hussein/Sipa Press, bd. **93**– Rex/Sipa Press, hg – Mirror Syndication International, hd, bg, bd. **94**– Mirror Syndication International mh – Chernault/Sipa Press, mb. **95**– Express Newspaper, h – Gastaub/Sipa Press, bd.

Dictionnaire chronologique illustré

99– Cherrault/Sipa Press, hg – MR Central Office of Information, hd – Hulton Deutsch, bg, bd. **100**– Hussein/Sipa Press, mg – Robert Estall hd – Popperfoto, md – Hulton Deutsch, bd. **101**– Timithy Woodcock, bg – Hulton Deutsch, hd, bd. **102**– Robert Opie, mg – Rex features, hd – Bridgeman Art Library, bd. **103**– Hulton Deutsch mg, hd, bd. **104**– Hulton Deutsch, mg – Mirror Syndication International, md. **105**– Topham Picture Library, hg, md – Photographers International, mg – Bridgeman Art Library, hd. **106**– Roger Viollet, hg – Hulton Deutsch, hd – Robert Estall, md. **107**– Robert Harding Picture, hg – Rex features, bg – Express Newspaper, md. **108**– Hulton Deutsch, hg – Syndication International, mg – Popperfoto, bg – Roger Viollet, md. **109**– Robert Estall, hg, bd – Gastaud/Sipa Press, hd. **110**– Robert Estall, hg – Hulton Deutsch, mg – Rex features, hd – Witness/Sipa Press, md.

Jaquette

Plat I: Sipa Press, b. Hulton Deutsch, h. Plat IV: Hulton Deutsch.

LA FAMILLE ROYALE D'ANGLETERRE AU 20e SIÈCLE

Victoria Adelaïde
Princesse Royale
1840-1901
= Frederick III
Roi de Prusse
Empereur
d' Allemagne
1831-1888

William II
(«Kaiser»)
Roi de Prusse
Empereur d'Allemagne
1859-1941

Alice Maud
Mary
1843-1878
= Louis IV
Grand duc
de Hesse
1837-1892

Louis
Prince de
Battenberg
1er marquis de
Milford Haven
1854-1921
= Victoria
Princesse de
Hesse
1863-1950

Elisabeth
Princesse de
Hesse
1864-1918
= Serge
Grand duc de
Russie
1857-1905

Irene
Princesse de
Hesse
1866-1953
= Henry
Prince de
Russie
1862-1929

Ernest Louis
Grand duc de
Hesse
1868-1937
= Eleanore
Princesse de
Lich
1871-1937

Alexandra
(Alix)
Princesse de
Hesse
1872-1918
= Nicolas II
Tsar de Russie
1868-1918
neveu d'Alexandra épouse du roi Edouard VII

Comtesse
Nada de
Torby
1896-1963
= George
Prince de
Battenberg
2e marquis de
Milford Haven
1892-1938

Louise
Princesse de
Battenberg
1889-1965
= Gustav VI
Roi de Suède
1882-1973

Louis
Prince de
Battenberg
Comte
Mountbatten de
Birmanie
1900-1979
= Edwina
Ashley
1901-1960

Alice
Princesse de
Battenberg
1885-1969
= Andrew
Prince de
Grèce et du
Danemark
1882-1944

Olga
1895-1918

Tatiana
1897-1918

Marie
1899-1918

Anastasia
1901-1918

Alexis
1904-191

David
3e marquis de
Milford Haven
1919-1970
= Janet
Bryce
* 1932

Patricia
Mountbatten
Comtesse
Mountbatten
de Birmanie
* 1924
= Lord Brabourne
* 1924

Pamela
Mountbatten
* 1929
= David Hicks
* 1929

Philip
Prince d'Angleterre,
de Grèce et du
Danemark
Duc d'Edimbourg
* 1921
arrière-arrière-petit - fils de la reine Victoria
= **Elizabeth II**
* 1926
règne en **1952**
arrière-arrière -
petite fille de la reine Victoria

⓫ Margaret
Rose
* 1930
Comtesse
de Snowdon
div. 1978
= Antony
Armstrong-
Jones
Comte de
Snowdon
* 1930

⓬ David
Vicomte Linley
* 1961

⓭ Sarah
* 1964

❶ Charles
Le prince de
Galles
Duc de Cornwall
* 1948
= Diana
Spencer
* 1961

❽ **Anne**
La princesse
Royale
* 1950
1 = Mark
Phillips
* 1948
2 = Timothy
Laurence
1992

❹ **Andrew**
Le duc
d'York
* 1960
= Sarah
Ferguson
* 1959

❼ Edouard
* 1964

❾ Peter
* 1977

❿ Zara
* 1981

❷ William
* 1982

❸ Henry
* 1984

❺ Béatrice
* 1988

❻ Eugénie
* 1990

Légende

Les enfants ne sont pas toujours indiqués dans l'ordre chronologique de leur naissance.

Toutes les lignes de descendances ne sont pas continues jusqu'à nos jours.

Les noms indiqués en bleu désignent les monarques britanniques, les dates en gras indiquent le début de leur règne. Sauf indication spéciale, la dernière année de règne correspond avec la date de leur mort.

Les dates en caractère maigre correspondent aux dates de naissance et de mort.

= indique «marié à»

1/= indique un premier mariage

❶ indique l'ordre de succession à la couronne

div. indique le divorce

* indique la naissance

† indique la date du décès